小学館文庫

禅と食

「生きる」を整える

枡野俊明

JN173210

小学館

はじめに

毎日の暮らしに「禅」を取り入れてみたい。禅的な生活っていったいどんなものなのか知りたい。この頃、そんな声を聞くことがとても多くなった気がします。禅についてみなさんがどのような印象を持たれているのか、正確なところはわかりませんが、大づかみにすると「簡素で清々《すがすが》しい」というものなのではないかと思います。

ものがあふれ、時間の流れが速く、人とのつながりが複雑、しかも希薄で、なぜか心に充足感がない……。私たちが生きているこの時代を象徴するのはそんな言葉群。もっと、シンプルに爽やかに暮らしていけたら、そして生きていくことができたらいいな、という感覚は誰にも共通するものかもしれません。

それが禅に目が向けられる大きな要因であることはたしかでしょう。しかし、一方にはこんな感じがありませんか？

「禅って、坐禅《ざぜん》をしなければいけないんでしょう？　たいへんそう！」「お経をあげたり、写経をしたりするなんて、とても、とても、できそうにない」

もちろん、坐禅をしたり、写経や読経《どきょう》をしたりするのも、禅の世界に触れることです。ただ、それだけではありません。禅では行住坐臥《ぎょうじゅうざが》（歩くこと、とどまること、座ること、寝ること）が修行と考えられています。つまり、みなさんが日常生活を送るなかでおこなっているすべてのこと、あらゆるふるまいが自分を高めるための、自分を輝かせるための修行なのです。

とりわけ日本で曹洞宗《そうとうしゅう》を開いた道元禅師《どうげんぜんじ》は「食」を重んじました。禅僧の食に対する考え方、食事作法《じきじ》を説いた『典座教訓《てんぞきょうくん》』『赴粥飯法《ふしゅくはんぼう》』は、禅門では唯一の〝食の書〟であり、現在も揺るぎない規範として禅僧たちによって実践されています。

さて、みなさん、たしかに坐禅を組むのはたいへんという思いはあるでしょう。写経も読経も馴染《なじ》みにくいと考えているかもしれません。しかし、食事ならどうでしょう。食事は誰でもあたりまえにしていますね。そう、まさに、万人に共通する「おこない」「ふるまい」が食事をすることなのです。

食事をつくること、そして、食べること。そこには禅の教え、禅の実践がふんだんに詰まっています。つくることをちょっと見直してみる、食べることを少しあらためてみる。それはそのまま禅の世界に触れることになります。しかも、食事のなかには禅の〝本質〟があるのです。

たとえば、食事の支度に取りかかるとき、目の前にある食材をどう扱うか。それは単に料理をする、ということにとどまらず、人とどうかかわるか、さらにはどんなふうに生きていくか、ということにまでつながっています。

食べる前のふるまい。それは食事の作法ということだけではなく、生きていることの意味や縁《えん》というものの大切さに気づき、そのことに心から感謝するということでもあるのです。

本書を読み進んでいくうちに、みなさんは、必ず、見つけてくれるはずです。

「あれっ、食材の一つひとつを大切にするっていうことは、自分とかかわりを持ってくれているどの人とも、誠意をもってつきあうということにつながっていたんだ」

「あら、食事を丁寧にすることは、一生懸命仕事をすることと同じだったのね」

そうです。食事を見直すことは、日々のおこない、ふるまいを見直すこと、食事を整えることとは、心を整え、「生きる」ことそのものを整えていくことなのです。

さあ、食事をとおしてたっぷり禅の世界に触れてください。そして、簡素で清々しい、だから美しい、そんな生き方をあなたのものにしてください。

目次

第二章　人生を深める食事作法

第三章　毎日が輝きはじめる丁寧な食習慣

第四章 贅沢な粗食のすすめ

◉監修 小金山泰玄典座和尚（可睡斎）

第一章

食事をつくることは心を整えること

食事をつくることも、食事をいただくことも、すべてが修行

あなたは食事をつくること、また、つくられた食事をいただくことについて、じっくり考えたことがありますか？　飽食の時代といわれて久しく、世界中のグルメ料理がいつでも食べられるいまの日本。そうした環境のなかで、「食」はどこかおろそかにされている、という気が私にはするのです。

ただ習慣的に食事をつくり、何とはなしにいただく。とくに仕事が生活の中心になっているビジネスパーソンには、そんな「食」とのつきあい方をしている人が少なくないのではないでしょうか。

しかし、「はじめに」でも触れましたが、禅では「食」をきわめて重要なものと考えています。禅の修行は行住坐臥《ぎょうじゅうざが》すべてに及びます。歩くこと（行）、とどまること（住）、座ること（坐）、寝ること（臥）の一切合切。つまり、日常生活のあらゆるふるまい、すべての所作が修行だと考えるのです。

もちろん、食事をつくることも、食事をいただくことも、修行です。禅といえば坐《ざ》禅《ぜん》を思い浮かべる人が多いと思います。坐禅は大切なありがたい修行であると誰もが考えているでしょう。その一方で、食事をつくったり、食べたりすることは、修行でもなんでもないと思っていませんか？

それが大いなる誤解。両者は〝等しく〟修行なのです。禅僧が食事の前に唱える『五観《ごかん》の偈《げ》』という文言があります。その五番目はこうしるされています。

〈五つには成道《じょうどう》の為《ため》の故《ゆえ》に、今此《いまこ》の食《じき》を受《う》く〉

成道は道を成すこと、すなわち悟りの境地に達することです。いまこのときにいただく食事はその成道のためのものなのだ、というのがこの偈の意味するところですね。いうまでもなく、修行は成道のためにおこなうものです。同じように食事をいただくことも、それとまったく変わりのない修行だということが、この一文からも明らかでしょう。

そう、**食と仏道（仏様の説いた道、そのための修行）は、まさしく一体のもの**としてあるのです。

さらにいえば、私たちの体の源は食事です。食事をしなければ体は生命力を失って、やがてついえてしまう。命がなくなってしまえば、当然のことながら、修行することもできません。

その意味からいえば、**食事は修行そのものであると同時に、修行を根本で支えるものでもある**といっていいでしょう。禅寺で食事を扱うのが典座《てんぞ》和尚《おしょう》ですが、その役割が非常に重要なものとされるのはそのためです。

事実、典座を経験した禅僧の多くは、のちのち名を成し、大きな業績を残しています。曹洞宗《そうとうしゅう》大本山永平寺《えいへいじ》で道元禅師《どうげんぜんじ》の時代に典座をつとめた徹通義介《てっつうぎかい》禅師は、同寺の三代目の住職になっています。曹洞宗では住職のいちばんの懐刀的な存在が、代々典座をつとめてきたといっても、けっして過言ではありません。

修行僧たちのために心をこめて食事をつくる。典座和尚のもっとも大切な修行がそれです。さあ、いかがですか。食事をつくることも、そして、その食事をいただくことも、おろそかになどできないという気がしてきませんか？

食材に対する心のありようは人間関係にもあらわれる

こんなことがありませんか？　めったに口にできない高級食材が手に入ったりすると、「さあ、どう調理したらいいかな。いちばんこの食材のおいしさが引き出せる調理法をじっくり考えないと……」

そして、調理法が決まれば決まったで、細心の注意を払って食材を扱い、調理にも心をこめる。一方、冷蔵庫にあるあり合わせの食材で調理をする場合はどうでしょう。

「まあ、こんな食材しかないのだから、適当に炒《いた》め物にでもするしかないか」

ということになったりする。つまり、食材によって調理する〝心持ち〟が違ってくるというわけです。しかし、『典座教訓《てんぞきょうくん》』はこう戒めています。

〈たとい粗末な菜っぱを用いてお汁物やおかずを作るときでも、これをいやがったり、いいかげんに扱ったりする心を起こしてはならないし、また、たとい牛乳入りのような上等な料理を作る場合でも、それに引きずられて喜んだり、浮かれはずんだりする心を起こしてはならない〉

食材が粗末か、高級かによって、一喜一憂するな、というのです。さらにこのくだりは次のように続きます。

〈決して品物のよしあしに引きずられて、それに対する自分の心を変えたり、人によって言葉づかいを改めたりしてはならない〉

とくに後段は示唆的です。食材に対する心の持ちようや態度は、それだけにとどまらず、人間関係にもあらわれてしまう、と道元禅師は喝破しているのです。

私たちは仕事やプライベートな場面でたくさんの人間関係を持っています。相手によってかかわり方はさまざまだと思いますが、なかにはこんな人がいます。相手が得意先の人である場合には、どこまでも謙虚な態度で接し、丁重さを崩さないのに、納入業者となるとそれが一変。言葉づかいはぞんざいになり、態度も横柄になる。

あなたの周辺にも「ああ、そういえば彼（彼女）は……」という人がいるのではありませんか？　そうしたタイプはあなたの目にはどんなふうに映っているでしょうか。おそらく、裏表があって好きになれないな、という印象を持っているのではないかと思います。

もちろん、本人には相手によって言葉づかいや態度を変えようという、はっきりした意識があるわけではないかもしれません。しかし、気づかぬうちにそれが出てしまうのです。そうした〝人間性〟は日々の生き方のなかで育まれたもの。その生き方が象徴的にあらわれるのが、食材に対する態度なのだ、と『典座教訓』は教えているのではないでしょうか。

日々、調理をするときに食材によって扱いを変える。高級なものは丁寧に扱う反面、粗末なものはおろそかにする、といったことをしていると、そのような心が育ってしまうのです。**日常的なふるまい、所作と心は切り離すことができないからです。**

その結果、人間関係でもその立場によって分け隔てするようになる。このことは肝に銘じておいてください。

どんな食材でも同じように誠意をこめて調理をする。その繰り返しが、相手が誰であっても変わらぬ誠意をもって接するあなたにつながってゆくのです。

あなたとその食材は「縁」で結ばれている

ひとつの料理をつくるにもさまざまな食材が使われます。その一つひとつの食材とあなたとは「縁《えん》」で結ばれているのです。

「縁だなんて、そんな大袈裟《おおげさ》な！　さっき近くのスーパーで買ってきただけなのに……」

そう思いますか？　狭い視点で見たら、たしかにそうかもしれません。しかし、視野を広げてみると、そこには違った風景が見えてきます。

たとえば、カレーやシチューをつくるときに使うジャガイモ。それが北海道の生産農家で栽培されたとします。ジャガイモとして収穫するまでには、農家の人たちが畑を耕し、種いもを植えつけ、草取りや水やりをするといった作業プロセスがあります。それらの作業に携わった人がいなかったら、目の前にあるジャガイモはあなたの元には届かなかったのです。

収穫されたジャガイモは農協などに運ばれ、大きさや品質などによって選別され、箱詰めにされて送り出されます。そこにかかわっている人たちもまた、あなたにジャガイモを届けるために一役買っています。

さらに、流通業者を経て青果市場に入り、競りにかけられたジャガイモを、業者が競り落とし、しかるべきルートでスーパーに納入する。スーパーの店頭に並ぶまでには、そうした多くのプロセスがあり、大勢の人たちがそこにかかわっているのです。

禅では**「どんな食材も一〇〇人の手を経ていまそこにある」**といった言い方をしますが、たったひとつのジャガイモも、けっして「近所のスーパーで買ってきただけ」のものではなく、たくさんの縁が連なっていまそこにあるのです。

また、生産農家でつくられるジャガイモは数万個、あるいは数十万個にものぼるでしょう。**料理をしようとしているあなたの目の前にあるのは、その数万個、数十万個のなかから最後にあなたが店頭で選んだ数個のうちのひとつなのです。**これも、たまたまや偶然などではなく、たしかな縁といえないでしょうか。

このように、目には見えなくても、ひとつの食材の背後には、それを届けてくれた大勢の人たちがいる。その人たちが結んでくれたたくさんの縁があるのです。前に紹介した『五観の偈』の一番目にはこう書かれています。

〈一つには功《こう》の多少《たしょう》を計《はか》り、彼《か》の来処《らいしょ》を量《はか》る〉

いま自分の前に置かれている食事には、どれほどたくさんの人の手がかかっているかを思い、そのことに感謝をしていただきましょう、というのがその意味です。食材とあなたとの縁をつないでくれた人たちも、もちろん、〃たくさんの人の手〃の一部です。

「お蔭《かげ》様」という言葉は誰でも知っているでしょう。本来、このお蔭様はご先祖様のことです。何世代ものご先祖様があって、はじめて自分がここに存在することができる。その感謝の気持ちをこめてご先祖様をお蔭様と呼んだのです。

いまはもっと広い意味で使われていますが、蔭でたくさんの手になり、食材を届けてくれている人たちも、まさにお蔭様にふさわしい存在ではないでしょうか。その人たちに感謝しながら、どんな食材もお蔭様の心で扱いましょう。

食材は大切に、余すところなく使い切る

料理が得意、つくるのが好き、という人も少なくはないでしょう。昨今はリタイア後にクッキングスクールや料理教室に通う男性も増えていると聞きます。「男子厨房《ちゅうぼう》に入らず」といわれた時代とは隔世の感。どんどん腕を磨いて、家族に自慢の〝男料理〟をふるまうのも素敵なことですね。

さてここで、料理をしたあとのキッチン風景を思い浮かべてみてください。シンクの隅に、使い残した野菜などの食材でいっぱいになった〝ゴミ袋〟が見つかるのではありませんか？

「料理をすれば、野菜クズなどの生ゴミが出るのはあたりまえ。できるだけ無駄にしないようにはしているけれど……」

たしかに、ニンジンの皮や大根の葉やしっぽなどは生ゴミですから捨てるのが当然と考えられています。しかし、道元禅師の著した『典座教訓』にはこんな記述があります。

〈材料（米や野菜など）を人間の眼《め》のように大切にしなさい〉

食材はすべて丁寧に、大事に扱うべきだというのが、道元禅師の教えです。そこに〝野菜クズ〟という発想はありません。食材を全部使い切る。丁寧に、大事に扱うとはそういうことでしょう。

ニンジンの皮や大根のしっぽも、たとえば、きんぴらなどにすれば、おいしい一品となりますし、大根の葉っぱだって塩でひと揉《も》みしたら、みずみずしくてあっさりした漬け物に早変わりするのです。

実際、禅寺での修行中に出される精進料理では、食材は余すところなく使われます。**仏教にある「一物全体《いちぶつぜんたい》」という言葉は、命あるものは全体でバランスがとれているのだから、野菜もそのすべてを食べることが、栄養的にも体にとってももっとも好ましい、ということをいっています。**

また、仏教では「一切衆生悉有仏性《いっさいしゅじょうしつうぶっしょう》」という考え方をします。この世に存在するものには、ことごとく仏性が備わっているという意味ですね。言葉を換えれば、仏様の命が宿っているということです。

野菜の切れ端にも仏様の命があるのです。それをポンとゴミ袋に捨てることができますか？

食材を使い切るという発想を持ったら、料理をするときの姿勢も変わってきます。「(これまでだったら捨ててしまっていた)この部分を何かに使えないかしら？」と考えるようになって、そこに工夫やアイディアが生まれます。

もちろん、食材を大切にすることから、あらゆるもの（身近にあるものや人とのかかわりなど……）を大切にする心が育まれることは、あらためていうまでもないでしょう。

実利的なことをいえば、生ゴミが格段に少なくなり、キッチンまわりがこざっぱりしてきれいになりますし、いま声高に叫ばれている「エコ」にもおおいに貢献。生活全体がすっきりシンプルなものになるのです。

それはそのまま、禅的生活に大きく一歩を踏み出すこと。早速、スタートさせてください。

修行中の禅僧の食事とは

「修行中の禅のお坊さんは、どんな食事をしているのですか?」。よく聞かれる質問です。ひとことでいえば「質素に徹する」食事といっていいでしょう。もちろん、完璧な精進料理です。

食事をするときに使うのは応量器《おうりょうき》(鉄鉢《てっぱつ》)という、入れ子になった器です。朝食は「小食《しょうじき》」と呼ばれますが、応量器のいちばん大きな器にお粥《かゆ》が一杯。それにつくのが、胡麻《ごま》と塩を一対一の割合で炒《い》った胡麻塩と香菜、つまり、漬け物が少々ですから、おかず(副菜)というにはあまりに寂しい。

昼食は「点心《てんじん》」といい、お粥ではなくごはんが出ます。ただし、白米のところもあれば、白米と麦を混ぜて炊くところもあります。ちなみに、私が修行をした曹洞宗大本山總持寺《そうじじ》（神奈川県横浜市鶴見区）では麦を入れていました。おかずは味噌汁《みそしる》と香菜のみです。

夕食の「薬石《やくせき》」になると、少し〝豪華〟になります。点心に「別菜《べっさい》」と呼ばれるおかずがつくのです。もっとも、大根を煮たものや煮たがんもどきを半分に割ったものが、別菜のすべてですから、ここでも質素は貫かれています。味噌汁の具や別菜は変わりますが、この三回の食事が雲水《うんすい》修行中は、毎日、繰り返されることになります。

修行に入った当初は、とてつもない空腹感に苛《さいな》まれます。気がふれるほど、気が遠くなるほどですから、それまで味わったことがないレベルのひもじさです。一カ月くらい経《た》つ頃には、体重が一〇キロ程度減る人も出てきます。

しかし、それを過ぎると不思議に慣れてきて、空腹感が少しずつなくなっていきます。三カ月も経つと体重も半分程度は戻ってきます。**胃袋が縮むのと同時に、消化吸収の効率がよくなって、少ない栄養をうまく取り込めるようになるのでしょう。**

頭が冴《さ》え、修行にも集中して取り組めるようになります。長い歴史と伝統のなか、受け継がれてきた修行の食事は、さすがに理にかなったものというしかありません。

四季折々の食材を使う意味

現代人の生活から失われているもの。その代表格が季節感でしょう。住まいも仕事の環境も冷暖房が完備されているいまは、夏の暑さや冬の寒さを肌で感じるということさえ、昔に比べて圧倒的に少なくなっています。

食材からも季節感は薄くなる一方です。魚介類や野菜には「旬」というものがあります。それぞれがいちばんおいしい季節、時期のことですが、若い世代には旬という言葉の意味も知らないという人が少なくないかもしれません。

四季がくっきりと色分けされている日本では、かつて旬の食材によって季節を感じるという、麗しい〝食文化〟がありました。「目には青葉　山ほととぎす　初鰹《はつがつお》」という山口素堂《そどう》の句はよく知られていますが、句が詠まれた江戸時代、人びとは旬のかつおを口にすることで、初夏の訪れを実感したのです。

ところが、現在はどうでしょう。「キュウリの旬はいつ？　トマトは？」と聞いたら、おそらくほとんどの人が首をかしげるのではないでしょうか。キュウリもトマトも夏が旬だということはすっかり忘れられています。

よく食卓にのぼるアジ（初夏）やサケ（秋）などの魚にしても、その旬をズバリい当てられる人はそう多くはないはずです。栽培技術や運搬技術、そして、保存技術の進歩によって、一年中どんな食材でも手に入るのが、いまの時代の〝便利さ〟でもあり、ちょっとした〝不幸〟でもある、と私は思っています。

道元禅師の歌にこんなものがあります。

「春は花　夏ほととぎす　秋は月　冬雪さえて　すずしかりけり」

毎年めぐってくる四季は、それぞれに風情があって美しい。それを心から愛《め》でながら、自然と一体になって生きることの大切さをいったものだと思います。その**めぐる季節とともにやってくる食材の旬。それを味わうことは自然の営みや恵みに感謝し、自然とひとつになること、とても意味深いこと**なのです。

30
心をつくしてつくると、感謝の心が返ってくる

料理をつくる人がよく口にするのがこんなひとことです。

「どんな料理を出しても、『おいしい』といってくれたことがない。まして『ありがとう』という感謝の言葉なんて期待するのもむなしい」

たしかにそうかもしれません。いまは家事を分担している家庭も少なくないようですから、これは男女に共通する嘆きということになるのでしょう。もっとも、「いわずもがな」という言葉もあるように、概して日本人は気持ちを言葉にすることが下手。あえて言葉にしなくても察するのが美徳とも考えられています。

しかし、「それにしても、ときには感謝を……」という思いがつくる側にはある。それは認めたうえで、ひとつ問いかけたいと思います。ほんとうに心をつくして料理をつくっていますか？

仕事の帰りに買ってきた総菜を電子レンジであたためて食卓に並べ、それに生野菜をカットした〝手づくり〟サラダを添える。もちろん、生活する環境やスタイルは人それぞれですから、必ずしもそれがいけないというつもりはありません。むしろ、いつも料理をつくる時間がたっぷりあるという人は少数派でしょう。

しかし、時間のあるなしと心をつくすということは別の問題。**時間があるから心がつくせて、ないからつくせないということではない、**と思うのです。たった一品の手づくりサラダでも、市販のドレッシングを使うのとそこだけは手をかけて自前のドレッシングにするのとでは、大きく違ってくるのではないでしょうか。

好みの味につくられたドレッシングを出されたら、相手だって、「おっ、大好きな味だ。おいしい！　ありがとう」となる。たとえ、言葉にはしなくても、心をつくしていることが伝わって、感謝の心で食べてくれるはずです。

これはほんの一例ですが、できる範囲で精いっぱい〝あなたらしく〟心をつくす。それが感謝の心で受けとめられないなんてこと、あると思いますか？

食事をつくることは、自分を輝かせること

自分を輝かせるといったら、仕事で実績を上げることや社会的に成功することをイメージするかもしれません。少なくとも、食事をつくることが、自分を輝かせることになるとは、おそらく誰も考えないでしょう。

しかし、典座和尚は毎日の食事をつくることで、堂々として確固たる存在感を放っています。輝いている。それは、修行僧たちの一人ひとりが修行を成就できるように、といつも心を砕き、全身全霊をかけて食事をつくるという作業にあたっているからです。

お粥をつくるときも、汁をつくるときも、香菜をつくるときも、ありったけの心をこめ、一生懸命にそのことに取り組んでいます。

もちろん、典座和尚は自分を輝かせようなどとは露ほども思ってはいません。しかし、「本分をまっとうする」ことによって、自然に輝いてしまうのです。

春を告げるウグイスの声がどこからともなく聞こえてくると、ふっと心が和み、気持ちがやさしくなります。あるいは、美しく咲き乱れる桜の花を見ると、晴れやかな気分になりませんか？

しかし、ウグイスは聞くものの心を和ませよう、気持ちをやさしくさせよう、としてさえずっているのではありません。桜だって晴れやかな気分にさせよう、として咲いているわけではない。

どちらも、**ただ、ひたすら自分の本分をまっとうしているだけ**です。**意図も思惑もまったくない、その姿が聞くもの、見るものに、心地よさを感じさせる**のです。どちらの存在も輝いていると思いませんか？

食事をつくるときの本分は、いうまでもなく、食材の一つひとつを丁寧に扱い、それぞれのよさを余すところなく引き出すようつとめることです。その本分をまっとうしていれば、そこに輝いているあなたがいるのです。

34

一瞬一瞬のふるまいこそが大海につながる一滴である

仕事に対するモチベーションはそのときどきの体調や気持ちのありようで違ってくるものです。体力、気力が充実して高いモチベーションで仕事に向き合えることもあれば、どうもノリが悪くモチベーションが下がって、やる気が出ないということもある。

食事をつくるということについても、同じことがいえそうです。「よし、おいしいものをつくるぞ!」と高揚した気分で、腕まくりをしてキッチンに立つことがある一方で、「きょうはなんだか面倒くさい」と感じて、心ここにあらずで臨むこともあるのではないでしょうか。

しかし、『典座教訓』はこういっています。

〈お米をといだり、おかずを調えたりすることは、典座が自身で手を下し、よくよく注意し細かな点まで気を配り、心をこめて行ない、一瞬といえども、おろそかにしたり、なげやりにして、一つのことはよく注意し気をつけるが、他の一つのことには注意をおこたったりするということがあってはならない〉

料理をつくっているどの瞬間も、心を忘れたり、なげやりにしたりするのは御法度なのです。簡単調理、手抜き料理をテーマにした本が書店の店頭にたくさん並んでいるいま、〝時代錯誤〟という感じを持つ人が少なくないかもしれませんが、もう少し『典座教訓』を見てみましょう。

〈典座の職責を全うすることは、大海のように広大で深い功徳を積むことであり、この大海も一滴一滴が集まってできているのであるから、ほんのわずかのことでも他人にまかせてはならないし、また、山のように高い善根を積み重ねることにおいても、大山はひとつまみほどの土が積もり積もって成ったものに外《ほか》ならないのであるから、高い山のひとつまみの土ほどの小さなことでも、自分で積み重ねなければいけないのではないか〉

禅では日常のふるまい、所作のすべてが修行と考えるという話はすでにしましたが、禅語にこんなものがあります。「歩歩是道場《ほほこれどうじょう》」。私の座右の銘でもある言葉です。どこにいても、何をしていても、心をこめて取り組んでいれば、その場所が道場であり、そのおこないが修行なのだ、というのがその意味ですね。

『典座教訓』でいう大海、大山を、よりよき人生、充実した人生、あるいは幸せな人生、に置き換えてみると、いわんとするところが身近なものに感じられないでしょうか。誰もが望むそうした人生を生きるには、一瞬一瞬を文字どおり、「歩歩是道場」の心がまえで過ごさなければいけません。

一瞬一瞬のふるまいが、大海につながる一滴ですし、大山をつくるひとつまみの土なのです。料理をしているときにかりにおろそかにする一瞬、なげやりにしてしまう一瞬があったら、それは一滴をみずからこぼしてしまうこと、ひとつまみの土を積みそこなってしまうことになる、といっていいでしょう。

せっかく修行道場にいながら、サボってしまっている、自分を磨いてよりよき人生につなげる機会をみずから放棄してしまっている、という言い方ができるかもしれません。心をこめて、料理をつくるというそのことをまっとうする。それは坐禅にも匹敵する価値ある修行、人生のあゆみなのです。

なすべきことをしてこそ食事が充実してくる

　ひたむきに仕事に向かい、やるべきことをなし終えていただく食事に、「ああ、おいしい」のひとことが思わず口をついて出る。そんな経験は誰にでもあると思います。お酒が好きな人なら、「なんといっても仕事のあとのビールが……」ということになるのかもしれませんね。

　禅に伝わっているこんな話があります。中国唐《とう》代の禅僧・百丈懐海《ひやくじようえかい》禅師にまつわるものです。百丈禅師は、現在も禅道場に伝わる、禅僧の修行生活の規範となる『百丈清規《しんぎ》』を定めたことでも知られる高僧ですが、八〇歳を過ぎても鎌や鍬《くわ》を手にして畑仕事に従事していたといわれます。

しかし、弟子たちにしてみれば、そのようなご老体に自分たちと同じような作務《さむ》をしていただくのは忍びない。何度も、「もう、作務にお出になるのはおやめくださ い」とお願いしたのですが、百丈禅師はいっこうにやめる気配がないのです。そこで、弟子たちは相談して、師匠の農具を隠してしまいます。道具がなければ、作務に出ることもできないだろう、というわけです。

実際、その日の禅師は部屋で過ごされていました。昼時になって、弟子が昼食をお部屋に運びました。しかし、禅師は箸をつけようとしません。食欲がないのだろうと思った弟子は、食事を下げます。

しかし、夜になって夕食を運んでも、禅師は食べようとしない。さすがに心配になった弟子は尋ねます。「お食事に手をつけられないのは、おかげんがお悪いからでしょうか?」。そのとき百丈禅師が語ったのが、

「一日作《な》さざれば一日食らわず」

という言葉だったのです。きょうは作務をしていないから、食事もしない、という意味です。あわてた弟子たちは、隠した農具を出すわけですが、この言葉は、よく知られる「働かざる者、食うべからず」と解釈されることがあります。

働いた者にこそ食べる権利がある。働かない者には食べる権利はない、というのがその意味。つまり、労働の義務を果たすことによって、食べる権利が得られるということですね。

しかし、百丈禅師の言葉はそういうことをいっているのではないのです。義務とか、権利とかの世界ではない。禅師にとって畑仕事は、その日に「作《な》すべきこと」です。「作すべきこと」といっても、義務的にしなければいけないことというのではありません。生きることそのもの。生きているうえで、当然、「作すべきこと」、といったらわかりやすいかもしれません。

食事をすることも、また、いうまでもなく、生きることそのものです。同じように「生きることそのもの」である作務をしないで、一方の食べることだけをする、というのはおかしい、もっといえば、あり得ない、というのが百丈禅師のいわんとするところだったのではないか、と私は思っています。

仕事に一生懸命打ち込んだら、仕事というなすべきことをし終えたら、食事というなすべきことも充実してできる。みなさんが持っている冒頭の「経験」を、禅的に解釈するとそういうことなのだと思います。他のなすべきことをしっかりやってこそ、食事もおいしくいただけるのです。

他人のしたことは自分のしたことにならない

つくれる料理の数が〝自慢〟という人がいます。もちろん、それはすばらしいことですが、なかにはこんな人もいるのではないでしょうか。雑誌や料理本の「レシピ」をたくさん集めていて、それもつくれる料理にラインアップしている。「レシピがあれば、いつでもつくれるのだから……」というわけですね。

しかし、「つくり方を知っている」ことと「つくれること」は違います。中国に渡った道元禅師について、次のエピソードが伝えられています。

あるとき道元禅師はこんな光景に出会います。真夏の炎天下だというのに、日よけの笠《かさ》もかぶらず、老典座が瓦の上に椎茸《しいたけ》をのせて干している。額からは汗がしたたり落ち、背中は弓のように曲がっています。あのようなお歳《とし》で何も自分で椎茸干しなどすることはないのに……。若い修行僧にでもやらせればすむことではないか。そう思った道元禅師はそのとおりを老典座に伝えます。

すると、老典座はこう答えるのです。

「他不是吾（たはこれわれにあらず）」

他人にしてもらったことは、自分がやったことにはならない、ということです。**何ごとも自分でやらなければ意味はない、自分でやることこそ大切なのだ、**という意味ですね。「冷暖自知《れいだんじち》」という禅語もありますが、水が冷たいか、あたたかいかは、自分で飲むなり、手を触れてみなければわからない、というのがその意味。これもまったく同じことをいったものでしょう。

さて、料理で考えてみると、レシピを知っているのは、あくまで他人様《ひとさま》のつくり方を知識として、あるいは情報として持っているということでしかありません。自分では何もしていないのです。

禅の根本理念は「実践」ということにあります。レシピのストックがいくらたくさんあったところで、そのことにはなんの意味もない。たとえ、たったひとつでも実際に自分がつくってみることに意味も価値もあるのです。第一、レシピどおりの平均的な味が自分の料理といえるでしょうか。実際につくるなかで、自分の好みや食べていただく人の好みに合わせ、心をこめて調整するから、あなたがつくった料理、あなたの料理となるのではありませんか？「他《た》（レシピ）はこれわが料理にあらず」です。「おふくろの味」が素敵なのは、子どもを思ういっぱいの母心が、料理をつくるという実践のなかにあふれているからです。レシピどおりのおふくろの味などあり得ません。

考えてみると、ビジネスシーンでも知識や情報を頭に詰め込んだだけで「よし」としていることが、少なくないような気がします。営業ノウハウや企画の発想法を「知っている」からといって、それが「できる」ということではないのです。**自分の体を使って実践してみる。そのなかで失敗や成功を体感しなければ、どんなにすぐれたノウハウや発想法もなんの役にも立ちません。**頭でっかちの〝理論派〟は、愚直な〝実践派〟に遠く及ぶところではないのです。

さあ、わが実践料理を一つでも、二つでも持ってください！

一粒の米も無駄にしない

現在はとがずに炊ける無洗米もあり、コンビニやスーパーでは炊き上がったごはんが売られていますから、米をとぐということも少なくなっているのでしょう。主食が米の日本人にとって、米をとぐことは、いわば食事をつくる〝原点〟。それが利便性に埋もれてしまっていることは、寂しい気がしないでもありません。

『典座教訓』にも、米をとぐ際の心得が説かれています。

〈昼食の米を水に浸す場合には、典座は流し場の付近を決して離れないで、明らかな眼をもってよくよく点検し、米一粒といえども無駄にしてはならない〉

〈米をといだ白水であっても、気にもとめないで捨てるようなことがあってはならない。昔から、白水をこす袋を備えておいてこれに白水を入れ、たとえ一粒の米でも無駄にしなかったのである〉

一粒の米も無駄にしてはいけない、ということが繰り返され、とぎ汁に紛れている米も見逃すな、としているのです。この教えの背景に、米一粒を大事にする心は、あらゆる食材に対する姿勢につながっていくという、道元禅師の揺るぎない確信があることはいうまでもありません。

こと料理にとどまらず、「この心」は大切だと思います。私たちはさまざまな経験を積み重ねながら生きています。楽しい経験、心はずむ経験もあれば、辛《つら》い経験、悲しい経験、苦しい経験もあるでしょう。

また、経験には大小、軽重もありそうです。「この貴重な経験は人生に活《い》かさなくては……」というものもあるでしょうし、「こんな経験たいしたことではない」というものもあるはずです。

つまり、経験によって重く受けとめたり、軽く受け流したりしているのです。もっといえば、自分にとって都合のよい経験は後生大事にする一方で、都合の悪いそれは封印したり、あえて見ないようにしたりしているのではありませんか？　経験を自分のものさしで選別しているといってもいい。

さあ、どこか「米一粒」とつながってきたという気がしないでしょうか。自分にとって些細《ささい》と思われる経験、つまらないと判断した経験……。それが米一粒です。それらを気にもとめないで、放り出してしまっている。思いあたるフシがあるという人が少なくないのではありませんか？

こんな禅語があります。「日日是好日《にちにちこれこうにち》」。その意味は、どんな日もよい日なのだということではありません。いろいろな天候の日があるように、生きている日々にはいろいろなことが起こります。「きょうはよい日だったな」と感じることも、「厳しい一日だった」と思うこともあるでしょう。

しかし、**どの一日もあなたにとってかけがえのない経験をもたらしてくれた一日なのです。経験に大小、軽重などないのです。**楽しい経験も辛い経験も、あなたにしかできなかった等しくかけがえのないものです。そう受けとれば、すべての日が「好日」ではないか、と禅語はいっています。

どんな経験もかけがえのないもの、大事なものと受けとめて生きていく。一粒の米も無駄にしない心に沿った生き方とは、そういうものではないかと思います。

時間に使われず、時間を使う

食事をつくる際のもっとも基本的な原則はなんでしょうか。あたたかいものはあたたかいうちに、冷たいものは冷たいままで、食べていただく。私はそのことではないかと思っています。『典座教訓』にある次の一文もそれをいったものでしょう。

〈**副食物や汁物を支度し調えるのは、ご飯を炊いているときに同時にしなさい**〉

ごはんが炊き上がってから汁物の支度に取りかかったり、ごはんが炊ける以前に汁物を調えたりしたら、どちらかが冷めてしまって、ごはんも汁物も同じくあたたかいという、いちばんおいしい状態で食事を供することができなくなります。

料理では時間に対する気配り、心配りも大切な要素なのです。時間について、中国唐末期の禅僧・趙州《じょうしゅう》従諗《じゅうしん》禅師はこんな言葉を残しています。

「汝《なんじ》は一二時に使われ、老僧は一二時を使い得たり」

一二時というのは現在でいえば二四時間、丸一日のことです。一日に二四時間ある時間におまえは使われている。しかし、老僧（趙州禅師）はその時間を使い切っている、という意味です。時間に使われているというのは、時間に追われている、縛られている、振りまわされている、と言い換えることができそうです。

食事をつくるときも、時間に追われてあわただしかったり、時間に縛られて気持ちの余裕がなかったりしたら、「この料理を出すタイミングはここだから、併せて出すこちらは、もう少しあとから手がけたほうがよいな」といった心配りはできません。

とにかくつくろうとする全品目を仕上げることだけで頭がいっぱいになって、タイミングも時間も意識にはのぼってこないのです。しかし、時間をどう使うかは心のありようの問題です。二四時間という時間の長さには変わりがないのに、弟子（汝）はそれに縛られ、趙州禅師は悠々とその時間を使い切っている。食事をつくるときには、ふっと大きくおなかで息をして、ひと呼吸おいてみてください。**呼吸が整って心が整ったら、「時間がない！」という状況でも、不思議と時間配分、「手順」が見えてきます。**

人間としての味わいに通じる「三徳六味」

典座和尚が心得ておくべき料理の味について、『典座教訓』にはこう書かれています。〈『禅苑清規《ぜんねんしんぎ》』に、「苦《にが》い、酢《す》い、甘《あま》い、辛《から》い、塩《しお》からい、淡《あわ》いの六つの味がほどよく調っておらず、また軽軟《きようなん》（あっさりとして柔らかである）、浄潔《じようけつ》（きれいでけがれがない）、如法作《によほうさ》（法にかなった調理がなされている）という、料理の三徳《さんとく》がそなわっていないのでは典座が修行僧達に食事を供養《くよう》したことにはならない」と言っている。まず米をとごうとしたなら、そこに砂が混《ま》じっていないかどうかよく見、さらに砂を捨てようとしたなら、そこに米が混じっていないかどうかよく

気をつけ、このように念を入れてよくよく注意し、気を緩《ゆる》めることがなかったなら、自《おの》ずと三徳は十分行き届き、六味《ろくみ》もすべてととのい備わってくるであろう〉

引用が長くなりましたが、要は六つの味のバランスがよく、三つの徳が備わっていることが、料理では大切であり、そのためには、つくる際に気を緩めることなく、こまかなところまですべてに注意を行き渡らせなければいけない、ということでしょう。

ふつう和食では「五味」をバランスよく調えるとされますが、禅の精進料理ではそれにもうひとつ「淡い」味が加わります。これは単に味が淡い（薄い）ということではなく、食材の持っている本来の味を引き出すような味つけのことです。

「三徳六味」で表現される、料理の味つけの基本や料理をする姿勢は、人としての味わいということにも通じている気がします。人生の機微に通じる味わい深い人を「酸いも甘いも噛《か》み分けた」と表現することも、それを証明するものではないでしょうか。**味のバランスを調えるように、心を整えていく。三徳をもって料理にあたるように、やわらかくきれいな心で誠実にものごとにも人にも接していく。**そこに人としての味わいも備わっていくのだと思います。

大切なのはどんな瞬間もおろそかにせず、常に細心の注意を払いながら、一瞬一瞬を丁寧に、丁寧に生きていくこと。『典座教訓』は人生の指南書でもあるのです。

ひとつの物事に徹すると、心が自由になる

こんなふうに調理と向き合うことがありませんか？

「これがひと段落したから、食事でもつくろうか」

取り組んでいたことが片づいたから、次に何かするまでのあいだに、ササッと調理をしてしまおうというわけです。まさしく、調理は合間の仕事と考えられています。

その結果、もっとも手軽な「レンジでチン」が調理の〝主流〟になったりする。これでは調理をしていることが、ただ、時間を浪費しているだけにならないでしょうか。かぎりある時間をいたずらに費やすなんて、もったいないとは思いませんか？

人生は一つひとつの経験の積み重ねです。そして、経験は自分がその時間に主役としてかかわってこそ、意味あるものになるのです。合間の仕事という感覚で取り組む調理では、そこに主役としての自分はいません。

主役としてかかわるとは、そのことに自分をすべて投げ込むことだ、といってもいいでしょう。ほかのどんなことにもとらわれず、ただそのことだけに打ち込む、夢中になる。「遊戯三昧《ゆげざんまい》」という禅語があります。遊ぶことに徹する。そこに自由な心の境地がある、という意味です。一般的にも「読書三昧」「ゴルフ三昧」といった使われ方をしていますから、言葉を聞いたことはあるはずです。

この三昧が主役になるためのキーワードです。「調理三昧」、すなわち余計なことはいっさい考えずに、調理に徹したら、心は自由になって、そのことを楽しめるのです。使う時間は同じでも、合間仕事とはまったく違って、調理と一体になった姿がそこにある、といってもいいですね。

「そうはいっても、忙しいときに調理なんかして楽しい？　どうしても合間仕事になってしまうのでは？」。**楽しいから調理をするのではありません。状況はどうであれ、調理をすることを楽しむのです。**たとえ、わずかな時間しかなくても、三昧を心に置いておけば、必ずできます。

誰かに料理をつくることが喜びとなる（喜心）

『典座教訓』では典座和尚の心がまえとして三つの「心」を説いています。「喜心《きしん》」「老心《ろうしん》」「大心《だいしん》」です。喜心のくだりにはこうあります。

〈今の自分は、人間世界に生まれ、しかも三宝《さんぼう》供養のための清らかな食事を作っているのである、まったく喜ぶべき身の上であり、喜ぶべき自分自身である〉

三宝というのは仏教の三つの宝で仏、法、僧がそれにあたります。その宝を供養するために食事をつくることを自分の喜びとしなさい、と道元禅師はいっています。もう少し広い意味で考えれば、誰かのために食事をつくるなど、何ごとかをするのを喜ぶ、というのが喜心ですね。

さて、あなたは喜心をもって食事をつくっているでしょうか。これはそのときどきで違うかもしれません。「あの人が大好きなものが手に入ったから、腕によりをかけておいしいものをつくろう」というときは、まさにつくることが喜びだと思いますが、「きょうは疲れているし、食事をつくるのは面倒くさいな」というときは、喜心からは離れた心でキッチンに立つことになるのでしょう。

ただし、こんな感じを持っていませんか？「料理をつくるのは好きだけど、食べてくれる人がいないと、張り合いがないな」。そう、やっぱり、食べてくれる人がいるから、料理にも張り合いを感じながら楽しく取り組めるのです。そうしてつくった料理に「おいしい！」のひとことがあったら、胸は喜びでいっぱいになるはずです。「誰かのために」が張り合いになるのは、喜心の源泉がたしかに息づいているからです。

そこで提案。「ああ、つくってよかった。食べてくれてほんとうにうれしい」と心から感じた場面をひとつ思い出して、いつでも記憶から取り出せるようにしておきませんか？　**その場面を思うだけで、つくる喜びが甦《よみがえ》ってくる。心にそんな〝しかけ〟をつくっておくと、どんなときでも、必ず、「喜心」に息を吹き込むことができる**と思うのですが、いかがでしょうか？

子を思う親の深い気持ち（老心）

「老心」とは子を思う親の心です。『典座教訓』はそれを次のように解説しています。〈親というものは、自分が寒いことも熱いことも忘れて、子供の熱さを庇《かば》い、寒さから守ってやる。思うに、これこそ親が子を思う、この上もなく深い心である。このような親の心を起こした人にして、始めて老心というものを知ることができ、子供のことを思い続けるような心にいつもいつも自分の心を置いておく人にして、はじめて老心の何たるかをさとることができる〉

親の子を思う心は、利害や損得といったものが入り込む余地がなく、また、わが身さえも顧みずに、ひたむきに子のために注がれます。いかなる思惑も、見返りを求める気持ちもない、純粋な心といってもいいかもしれません。その老心で食事をつくるべきだというわけですが、具体的にはどのようにすればよいのでしょう。

「なすべきことを、なすべきときに、なすべきところで、なすべきように、おこなう」という言葉があります。ものごとに対して自然に向き合っている姿です。

食事をつくることに引き寄せていえば、食材に対しては、どのようなものであっても、その命を思い、感謝の気持ちをもって、大切に扱う。それが、なすべきことを、なすべきときに、なすべきところで、なすべきように、おこなっている姿です。調理をするときなら、そのことだけに打ち込み、自分のすべてを投入する。調理器具は自分自身のように大事にする……。それもまた自然の姿でしょう。

「なぁんだ、ここまでの項目にあったことじゃないか」

そうです。食材について、料理をする姿勢について、調理器具について……ここまでにお話ししてきたことを、一つひとつ実践することが、食事をつくることに自然に向き合っている姿なのです。そこに、誰から強制されるでもなく、自然に湧き上がってくる子を思う心、すなわち「老心」につながる心がある、と私は思っています。どこまでも自然に、そして、ひたむきに料理と向き合ってください。

相手が誰であっても同じ心でいること（大心）

「大心」について『典座教訓』にはこう書かれています。

〈ここにいう大心《だいしん》とは、その心を大山《たいざん》のようにどっしりとさせ、大海《たいかい》のように広々とさせて、一方に片寄ったり固執《こしゅう》したりすることのない心である。たとえ一銖《いちりょう》（約三十七・三グラム）ほどの軽いものでも、軽々しく扱わず、また逆に一鈞《いっきん》（一銖の四百八十倍）もある重いものに対しても、特別に大げさに重々しく取り扱ったりしない〉

もう、みなさんお気づきだと思いますが、前にお話しした食材を高級なものでも粗末なものでも分け隔てしない心が、まさしく大心といっていいでしょう。食材ばかりでなく、食事をふるまう人に対しても大心の心がまえが求められます。

たとえば、仕事関係の重要な人に食事をふるまうときには、文字どおり、精魂を傾けて料理づくりに取り組むのに、相手が身内の人だったりすると、とたんに〝手抜き〟料理ですませてしまう、といったことがないでしょうか。

ちょっと考えると、TPOをわきまえた対応に思えるかもしれませんが、**相手によって分け隔てするのは、心がどっしりとしていない証拠。自分では臨機応変に行動しているつもりでいても、じつは相手に心を振りまわされているのです。**

禅に「至道無難（しいどうぶなん）、唯嫌揀択（ただけんじゃくをきらう）」という言葉があります。悟りにいたる道は難しいわけではない。ただ、選り好みをすることがいけないのだ、という意味です。「あの人は大切な人だから、精いっぱい心をこめて料理をしなくては」「まあ、あの人ならなんでもいいや」というのは選り好みです。

そこに執着や心の迷いが生じる、とこの禅語は教えています。相手が誰であっても、いつも同じ気持ちで料理をしていれば、迷いもありませんし、どっしりと安定した心（大心）でいられるのです。心にとめておくべきは、ただ、そのとき、そこで料理をするという、そのことだけに一生懸命になることです。

ほんとうの「ごちそう」とは？

ごちそうをふるまう。家族でも恋人でも、友人でもいいのですが、そう考えたとき、頭に浮かぶのはどんなことでしょう。よし、ここは高級食材を奮発して、見栄えもよい料理を、できるだけたくさん食卓に並べよう。そんなふうにごちそうをイメージする人が、きっと少なくないのだと思います。もちろん、ふだんは口にしない食材を使って、手のこんだ料理をつくるというのも、ごちそうには違いありません。しかし、一方には別のごちそうもあるのだということを、知ってほしい、と私は思っています。

湯豆腐は禅の代表的な料理ですが、使う食材は豆腐とお湯（水）、だし昆布、薬味、つけだれ、といたってシンプルです。ただし、おいしい湯豆腐をふるまおうと思ったら、水に昆布を入れて沸かし、豆腐を投入すれば終わり、というわけにはいきません。

水も豆腐も昆布も、もちろん、薬味もつけだれも、「吟味」する必要があります。一つひとつの食材がちょっと違うだけで、湯豆腐の味わいはまったく変わってくるからです。水道水をジャーッと鍋に入れて、あり合わせの昆布を放り込み、沸いてきたらスーパーで買ってきた豆腐を適当に切って入れる。薬味もあり合わせのネギなどを刻み、チューブ入りのショウガを添え、市販のつけだれで「さあ、どうぞ」という湯豆腐は、やはり、〝それなり〟の味わいでしかありません。

一つひとつの食材を、時間と足を使って選び抜き、つくり方もじっくりと調べてでき上がった湯豆腐は、それとは〝格〟が違います。シンプルな湯豆腐が、極上のごちそうになる。**食材の一つひとつに、調理の一つひとつに、深い想《おも》い（もてなしの心といってもいいですね）がこもっているから**です。〝豪華〟とは別の、〝簡素〟なごちそうがあるのです。

「だとしたら、ランチに招待した友人に、早起きして朝市で買った、朝摘み野菜のスティックをふるまう、といったこともごちそうになるのかしら？」

文句なし、素敵なごちそうです！

過去・現在・未来の「旬」をふるまう

食材には「旬」があるという話はしました。四季の移ろいを感じさせ、自然と一体になれる旬の食材を使った料理が、いかんなくもてなしの心をあらわすものになることは、いうまでもないでしょう。

しかし、じつはそれを超える最高のもてなしがあるのです。**旬のものを中心に、旬を少し過ぎたもの、これから旬を迎えるものも加える、というのがその最高のもてなしです。**割合でいえば、旬のものが七割（あるいは六割）で、過ぎたものとこれからのものがそれぞれ一割五分ずつ、といった塩梅《あんばい》です。

仏教に三世《さんぜ》という言葉があります。過去、現在、未来がそれですが、私たちはその時間の流れのなかで生きています。**旬の食材（現在）に名残の食材（過去）とはしりの食材（未来）を添えて出すことで、ひとときの食事のなかに、人が生きてきた、いまを生きている、そして未来に生きていく、という悠久の時の流れを演出するといってもいいかもしれません。**山海の旬の食材が並んだ「旬尽《ず》くめ」の食事には、まるごと季節を味わうという醍醐味《だいごみ》がありますが、〝三世の食材〟で彩られた食事も、また、格別の風情と味わいがあるものです。

「もう、今年これを口にするのは最後かもしれないな」と過ぎ去っていく食材を懐かしみ、「やはり、真っ盛りのものは香りが違う。この香りがまさに春なんだな」といまが旬の食材を堪能《たんのう》し、「ああ、これからはこれがおいしくなる時期がやってくる」とまだはしりの食材に移りゆこうとする季節を思う。

どこかゆったりとして、心が豊かになると思いませんか？　当然、それらの食材をそろえてくれた相手の心配りに対する感謝の気持ちも、湧き上がってくることでしょう。言葉を交わさなくても、もてなす側ともてなされる側の想いがとけ合う、すばらしい時間がそこにあります。

ここいちばんのもてなしの際に、ぜひ、〝三世の食材〟のことを思い出してください。

割り箸の作法

食事をふるまう。そこにはたくさんのもてなしの心がこめられています。外国では料理そのものやワインがもてなしの主役ですが、日本ではそれ以外のところにもきめこまかな心配りがなされます。

割り箸もそのひとつでしょう。ほとんどの人がその意味も考えずに、お客さまの食事には割り箸を添えていると思いますが、使う際にお客さま自身に割っていただくのは、まさにもてなしの心のあらわれなのです。

「あなたのために新しい清潔な箸を用意させていただきました。どうぞ、おあらため

いただいて、気持ちよくお使いください」

一膳の割り箸からもてなす側のそんなメッセージが伝わります。もてなされる側も、**「こまやかなお心遣いありがとうございます」**という感謝の心で、みずから割ってそれを使う。言葉を交わすわけではありませんが、通い合う心がそこにあります。日本独特の無言のコミュニケーションの妙といっていいですね。

箸袋も大切な役割を担っています。春なら桜、秋は紅葉といったように、四季を感じさせるちょっとしたあしらいが箸袋にはされているもの。ふっとそれが目に入って、「ああ、秋もすっかり深まってきたなあ」といった感慨が胸に湧きます。そこから次々に供される秋の食材に彩られた料理の味わいは、きっと格別なものになるはず。季節感の演出も日本ならではの粋なもてなしの心です。

そんなもてなす側の心を受けとったら、正しい作法で割り箸を扱うのが、もてなされる側の心得です。割り箸は膝の上あたりで箸先を左側にして持ち、右手で扇を開くようにして上下に割ります。

胸の前で左右に開くように割るのは作法から外れますし、まして口に咥《くわ》えて「パチン」とやるのは論外。不作法がせっかくのもてなしの心を台なしにしてしまうことも、心にとめておきましょう。

もてなしとは、相手のことを「思う」こと

料理をするとき、あなたは何にいちばん心を傾けますか？　答えはさまざまにありそうです。寸分違わずレシピどおりにつくることに集中するという人もいるでしょうし、手早くつくり上げることが最優先課題と考えている人もいるでしょう。なかには、見た目の仕上がりこそ〝料理の本分〟という人がいるかもしれません。

私は、いちばん大切なことは料理をふるまう相手を「思う」ことだと考えています。相手の好きな食材は何か、好みの味つけはどんなふうか、種類や量はどのくらいがよいのか……。あらゆる角度から相手に思いをめぐらす。それにまさるもてなしはない

と思うのです。

相手を思えば、食材ひとつ選ぶのでも何軒もの店に足を運び、吟味することになるはずですし、味つけの調味料の使い方にも細心の注意が払われるでしょう。種類や量にしても、食べ終わった相手が「ああ、おいしくて心地よい食事だった」と受けとめてくれる、よいさじ加減を真剣に考えますし、盛りつける器にも気配りをすることになるのではありませんか？

日本人はもともと、世界に誇るもてなしの心を持っています。お客さまを迎える前に玄関に打ち水をしたり、盛り塩をしたり、部屋にほのかな香を焚《た》いたり……といった、伝統的な風習、作法は、まさにそのあらわれです。

その源泉になっているのが、茶の湯の世界でよく使われる「一期一会《いちごいちえ》」の考え方です。**その人と会っているこの時間は、いまこのときだけで、二度と戻ってくることはないのだ。そのかけがえのない時間を最高のときにしよう、**というのが一期一会です。

その相手を思う気持ち、もてなしの心をそのときかたちにしたもの、今風にいえばそのときの**心のプレゼンテーション**。それが料理ではないでしょうか。同じ相手に、同じ場所で、同じ料理をふるまっても、ときが変わればまったく別物。それぞれが違った世界なのです。

「この前は料理もやっつけ仕事で迎えてしまったから、今度は精いっぱいのもてなしの心で迎えよう」

と考えたとしても、〝やっつけ仕事〟ですませてしまった過去の時間は、けっして取り戻すことはできません。一回一回、そのときそのとき、が常に正念場なのです。

「而今《にこん》」という禅語があります。道元禅師が好んで使ったとされるものですが、**通り過ぎてしまった過去はどうすることもできないし、来《きた》るべき未来がどんなものになるかはわからない。たしかなものは「いま」しかない。いまやるべきことを一心におこない、いまを大切に生きなさい**、という意味です。

誰かに料理をふるまおうとするとき、まず、やるべきことは相手を思うことです。そのかけがえのない時間を、悔いのないものにするための表現として、料理を捉えることです。すると、料理をするという作業に相手への思い、もてなしの心がのってきます。

なんとかしておいしいものをつくってやろう、相手に「うまい!」と舌鼓を打たせよう、と考えるのは、正しいことのようですが、禅的に見れば「執着」です。そんなものは捨ててしまって、いまある思いで、もてなしの心で、料理をつくることに全力を投入してください。

調理道具を自分そのものと思いなさい

「料理をするのは好きだけれど、後片づけがいつも面倒でいやになる」

そんな人が少なくありません。とくに男性にはその傾向が顕著のようです。たまの休日に家族に料理をふるまうまではいいのですが、片づける段になると一転、ずぼらを決め込み、女性陣にすべておまかせということになっているのでは?

『典座教訓』にこんな記述があります。

〈古人も、「ご飯をたく際には、鍋を自分そのものだと思い、米をとぐときには、水を自分自身の命そのものと考える」と言っている〉

調理に使う道具は自分そのものだと思って扱いなさい、というのです。どうも、ピンとこないという感じですか？

職人さんの世界を思い浮かべると、わかりやすいかもしれません。たとえば、大工さん。大工さんが使う道具は鑿《のみ》でも鉋《かんな》でも、鋸《のこぎり》でも、じつによく磨き上げられていま す。神社仏閣の建築や補修にあたる堂宮《どうみや》大工と呼ばれる職人さんは、修行当初はそれこそ、くる日もくる日も道具を研ぐ作業だけを繰り返すのだそうです。

使う道具を完璧に研ぎ上げ、磨き上げられるようになってはじめて、現場の作業につくことができる。なぜ、そこまで道具にこだわるのでしょうか。

自分が持っている建物への想い、また、職人としての技術を、現実のものにしてくれるのが、ほかならぬ道具だからです。道具がなければ、建物に対してどれほど熱い情熱を持っていても、高い技術を有していても、かたちにはなりません。

その意味では、道具は自分の分身、いや、それ以上のもの。『典座教訓』でいう自分そのものなのです。

いまはレストランでも料理屋さんでも、オープンキッチン形式のところが増えていますから、厨房や調理道具を目にする機会もけっこうあると思います。店の造りやインテリアが洒落《しゃれ》ていても、調理道具の手入れが行き届いていない店は、まず、料理のできばえは期待できない。一方、店の佇《たたず》まいには、少々、難があっても、調理道具がピカピカに磨き上げられているような店は、味はまちがいない。いろいろな店で食事をしていて、そんな感じを持ったことはありませんか？

この〝法則〟の合致率はほぼ一〇〇％に近いのではないか、と私は思っています。道具の手入れはいまひとつだが、味は絶品という店は、おそらく世界中を探しても見つからないのではないでしょうか。

プロの料理人でなくても事情は同じです。食事に招かれて訪れた家庭で、調理道具が雑然と置かれていたり、切れ味のよくなさそうな包丁が目についたりしたら、

「さあ、きょうは腕をふるっておいしいものをごちそうしますね」

といわれてもちょっと腰が引けると思うのです。**調理道具はやはりその人自身、その人の料理に向き合う姿勢を端的に伝えるもの**だといっていいでしょう。禅に「一掃除、二信心」という言葉があります。修行の第一は掃除をすることであり、信仰心はその次のものだということです。禅では、掃除によって掃き清め、拭き清めるのは、庭や廊下にとどまらず、自分自身の心だと考えるのです。

調理道具を大切に磨き、心を磨きましょう。

第二章

人生を深める食事作法

よく噛み、箸はひとくちごとに置く

　食事のしかたは人さまざまですが、案外、自分ではどんな食べ方をしているのかわからないものです。しかし、他人の食べ方は、意外と目にとまるものですし、けっこう気になったりもします。「ああ、きれいに食べるなあ」と見ていて気持ちがよくなる食べ方をする人がいる一方、思わず眉をひそめたくなる食べ方をしている人もいます。

　何が違うのでしょうか。ポイントは箸にある、と私は思っています。じつは箸をどう扱うかで美しい食べ方にもなりますし、一緒に食事をするのは「勘弁してほしい！」という食べ方にもなるのです。

といっても、何も難しいことではありません。ひとくちごとに箸を置く。たったこれだけのことです。**料理をひとくち食べるごとに箸おきに箸を置くようにすると、食事の所作全体がガラリと変わる**のです。

和食では器を持って食べるのが基本です。料理が盛られた器を右手でとり、左手に移します。ここで箸おきから箸を取り上げて、ひとくち口に運ぶわけですが、持っている器を戻すにはいったん箸を置く必要があります。箸を置き、左手の器を右手に持ち替えて、お膳やテーブルに置く、という流れですね。

箸を置けば、何かを口に入れながら、ほかの料理に手を伸ばすことになりませんから、自然に口に入っている料理をよく噛《か》むことになります。料理を味わうにはよく噛むのがいちばんです。噛むことで素材の食感や風味も十分に感じることができます。

もちろん、見た目も美しい。箸を持ったままでいると、まだ口に入っているのに、別の料理に手をつけることになったり、無意識のうちに箸が宙を泳いだりします。見た目にも落ち着きがない所作になってしまうのです。

いま肥満を予防する意味でも、ひとくちごとに箸を置くことがすすめられていると も聞きますが、食べ過ぎを防ぐ効果も大きいのではないでしょうか。口に入ったものをよく噛んで飲み下してから、次のひとくちを食べるわけですから、時間をかけた食事になります。

するとき、食べているあいだにも満腹中枢が刺激され、脳から信号が送られて満腹感が得られます。一方、短時間で一気にかき込むような食べ方では、満腹中枢が刺激されるときには、すでに食べ過ぎていることになる。食べ方によって量は確実に違ってくるのではないでしょうか。

実際、大食漢と呼ばれる人たちの食事風景を思い浮かべると、猛烈な勢いで次から次に料理を詰め込んでいるというイメージがありませんか？

「喫茶喫飯《きっさきっぱん》」という禅語があります。お茶を飲むときには、そのことだけに集中して、お茶とひとつになる、食事をするときには、それに集中して、食事とひとつになる、という意味です。

ひとくちごとに箸を置きながら、一つひとつの料理をゆっくりと丁寧に味わう。それがまさにこの禅語に則《のっと》った食事作法だと思います。

考えている以上に見られている、あなたの箸使い

何世代か前の日本の家庭では、基本的なしつけがきちんとおこなわれていました。生きていくうえでの基本は食べることですから、食べるために不可欠な箸の使い方は、どの家庭でも早い段階からしつけられていた、という気がします。小学校に入学する頃には、子どもたちの誰もが上手に箸を使えるようになっていたのではないでしょうか。

ところが、ひるがえっていま、子どもたちはもちろん、成人に達した人たちも、まともに箸を使えなくなっています。しつけをするべき親世代が、子どもの頃に箸使い

を教わっていないからなのか、珍妙、奇妙な箸の使い方をしている人がいやでも目につくのです。

しかし、箸を正しく使えるか、使えないかで、食事をしている姿がまったく違うものになります。**正しく使っている人からは品格、優雅さといったものがにじみ出るのに対して、いいかげんな使い方をしている人は、見ていてもいい心地がしません。**がさつさを感じたり、見るに忍びない思いになったりするのです。

食事をする機会は今後も延々と続くのです。**いつから始めてもけっして遅いということはないのですから、ここは一念発起して正しい箸の使い方を身につけてください。**

右利きの場合、箸は右手でなかほどを持って水平に持ち上げます。左手は下から添えるようにして箸を支え、右手を握る位置（真ん中よりやや上）に持ってきます。

上側の箸を人さし指と中指ではさみ、親指は箸に添えます。下側の箸は薬指にのせるようにします。動かすのは上側の箸だけです。箸をはさんでいる人さし指と中指、支えている親指の三本を使って動かします。

以上が正しい箸の使い方ですが、むしろ、大切なのはここからです。箸の使い方にはタブーとされているものがたくさんあります。そのタブーを犯してしまうと、たとえ、箸の使い方自体には問題がなくても、「不心得者」の烙印《らくいん》を押されかねません。

代表的なタブーを紹介しておきましょう。

- 迷い箸（惑い箸）……どの料理を食べるか迷い、いろいろな料理の上に箸を動かす
- 移り箸……いったん料理を取りかけてから、別の料理に箸を移す
- ねぶり箸……箸についた米粒や汁などを舐《な》め取る
- 空箸《そらばし》……一度箸をつけた料理を元に戻す
- 刺し箸……料理に箸を突き刺す
- 涙箸……箸の先から料理の汁をたらす
- 寄せ箸……箸で料理の器を手前に引き寄せる
- 渡し箸……箸を器に渡すようにのせる
- 探り箸……汁物のなかで好きなものを探るように箸を動かす
- 噛み箸……箸の先を噛む
- 指し箸……食事中に持った箸で人を指す

箸の使い方は、あなたが考えている以上に周囲から見られています。タブーを頭に入れて、正しく、美しく使いましょう。

箸の扱いひとつで相手を思いやれる

食事のときはひとくちごとに箸を置くという話をしましたが、いつも箸おきが用意されているとはかぎりません。箸おきがないとき、さて、箸はどのように扱ったらいいのでしょうか。

ちなみに、禅の修行中の食事では箸おきはありません。そのため、箸は器に渡すようにして上にのせます。タブーとされている「渡し箸」をするわけですが、禅の食事作法ではこれが認められているのです。

一般的には箸袋を箸おき代わりに使うのがいいと思います。インターネットを見ると、箸袋の折り方を紹介したサイトなどがありますから、ちょっと凝った箸おきのつくり方を覚えておくのもいいかもしれませんね。

もちろん、単純に折って山状にするだけでもかまいません。要は食べものに触れた箸先でお膳やテーブルを汚さない心遣いをする、というのが箸おき（箸袋による代用品）に置く意味なのです。食事が終わったあとの心遣いも忘れないようにしましょう。箸おきに使っていた箸袋をほどいて、箸をおさめる。そうしておけば、片づけてくれる人が箸先に触れることがなくなります。

よく知られる「以心伝心《いしんでんしん》」という禅語がありますが、この箸の作法はその実践でもあるのです。**箸を袋におさめることで、使った人からの「箸先でお手を汚すことがないようにしておきました」というメッセージが伝わる。片づける人はそのメッセージを「こまやかなお心遣いをしてくださって、ありがとうございます」の気持ちで受けとる。**

おたがいにひとことも発することなく、心遣いと感謝の思いが通い合うのです。「察し合う」という日本独特の文化のひとつの形がそこにあります。

たかが箸の扱いじゃないか、と思われますか？　しかし、その「たかが」にも禅の世界が展開されているのです。

器は三本の指で持つと「所作」が美しくなる

みなさんはテーブルから料理の器を取り上げるとき、どんな指の使い方をしていますか？ しっかり握って落とさないように、五本の指を使っているという人が多いかもしれませんね。

もちろん、それが作法から外れるということではないのですが、いわゆる「鷲《わし》づかみ」という持ち方ですから、少々、優雅さに欠ける気がします。

禅の食事では、**親指、人さし指、中指の三本だけを使うことになっています。この三本は浄指《じょうし》といって、清らかな指とされ、薬指、小指は不浄指とされている**からです。

食事に使う応量器《おうりょうき》のうち、いちばん大きい頭鉢《ずはつ》と呼ばれる器でお粥《かゆ》を受けるときも、左右の親指、人さし指、中指で支えます。

ちなみに、頭鉢はお釈迦《しゃか》様の頂骨《ちょうこう》とされているため、ことさら丁寧に扱わなければならないとされ、直接、口をつけることも禁じられています。

この三本指で器を持つ禅の食事作法を、みなさんも取り入れたらいかがでしょうか。実際にやってみるとわかりますが、五本の指を使うより、所作としてははるかに〝品格〟を感じさせるのです。

右手の三本指で器を取り上げ、左手の三本指で受ける。これまで五本の指を使っていた人は、最初は違和感があったり、動きがぎこちなくなったりするかもしれませんが、「習うより、慣れろ」です。

しばらくのあいだ、意識して続けていると、動きも自然なものになって、身についた所作になります。

最近は精進料理の人気が高まり、各地に精進料理を出している禅寺なども増えているようですが、召し上がる機会があったら、それこそ格好の舞台。さりげなく、その所作を披露してください。「すごくサマになっているね」。周囲からそんな声があがるのはもちろん、典座和尚《てんぞおしょう》も「おっ、できる！」と感嘆するはずです。

気持ちをこめて「いただきます」

禅僧が食事前に必ず唱える『五観《ごかん》の偈《げ》』については、その「一」と「五」を第一章で紹介しました。ここで残りの三つもあげておきましょう。

〈二つには己《おのれ》が徳行《とくぎょう》の全欠《ぜんけつ》を忖《はか》って供《く》に応《おう》ず〉

〈三つには心《しん》を防《ふせ》ぎ過《とが》を離《はな》るることは、貪等《とんとう》を宗《しゅう》とす〉

〈四つには正《まさ》に良薬《りょうやく》を事《こと》とするは、形枯《ぎょうこ》を療《りょう》ぜんが為《ため》なり〉

その意味は順に以下のようなことです。

二、このありがたい食事をいただくのにふさわしい自分なのか、おこないを反省し

ていただきます
三、心を正しくし、過ちをしないために、貪りなどの三毒を持っていないか、問いかけながらいただきます
四、体も心も健全にやしない、修行を続けていくための、良薬としていただきます
いずれも、食事に対する深い感謝の思いを示すものですが、あらためて、禅では食事をどれほど重要なものとしているかが、わかっていただけるのではないでしょうか。

修行中はこの『五観の偈』のほかにもたくさん唱えるべき文言があります。それを覚えきらないうちは食事もまともにできません。正直なところ、一週間ほどは食事作法をなんとか身につけるだけで精いっぱいで、まごまごしているうちに食事が終了となり、〝貴重〟なお粥もロクに口に入らないという塩梅《あんばい》です。

しかし、そんな体験をすることで、食事ができることのありがたさが性根にまで染みわたります。仏教でよく使う言い方ですが、「腑《ふ》に落ちる」のです。

さて、みなさんの誰もが子どもの頃には、食事前に感謝をこめて「いただきます」をいいなさい、と教えられたはずです。

ところが、いつかそれが忘れられてしまう。いろいろなところで食事風景を見ますが、並んだ料理の前で「いただきます」と手を合わせている人は、まず、見かけない

といっていいと思います。

もっと、もっと巷《ちまた》で耳にすることができたらいいな、と感じている「いただきます」という言葉ですが、いったい何をいただくのでしょうか。料理をいただくのはもちろんですが、**その料理に使われている食材は、肉も魚も、野菜も海藻類も、そして、果物や木の実も、すべてが命あるもの**だったのです。

私たちは自分が生きながらえるために、その命をいただくのです。**「いただきます」は私たちの生を支えてくれている、あらゆる命に対する感謝をあらわすもの**だといっていいでしょう。

精進料理で動物や魚（目鼻口があるものという言い方もします）をいっさい食べないのは、それらの命は食べてしまうと消滅してしまうからです。野菜や根菜、海藻類などの命は、根絶やしにしないかぎり、また、再生します。そこで、同じ命でもこちらは食べることが許されているのです。

いかがですか、いただくのが命だとわかったら、食事の際「いただきます」と手を合わせようという気持ちが、自然に湧いてきませんか？

「食事に対しては、その代金をちゃんと払っている。それも感謝の気持ちをあらわすことといっていいのでは？」

そんなふうに考える人がいるかもしれません。たしかに、レストランや食事処《どころ》で食事をしたときには料金を払いますし、自炊の食事でも食材の代金は払っています。しかし、それらは食材を生産する農家の人たちの手間賃であったり、栽培のために必要な水や肥料の代金であったり、出荷するための労働の対価であったり、流通費用であったり、レストランのシェフの給料であったり……はしますが、けっして食材の命そのものに支払っているものではないのです。

私たちが生きるために、自分の命を〝投げ出して〟くれている命（食材）は、いっさいの対価を受けとっていないのです。「ありがたい」と思いませんか？　そのことに思いを致してください。

食事の前に「いただきます」と手を合わせることにどれほどの時間が必要でしょうか。一秒あれば事足ります。心のなかでいうだけでもいいのです。そうすることで、食べるときの姿勢も変わってきます。テーブルに肘をついたり、立て膝をしたり、だらしない格好で食べることができなくなる。そう、たった一秒の〝儀式〟が、美しい食事作法の実践につながるのです。

週に一度、野菜断食を

みなさんがよく知っている禅僧といえば、一休《いっきゅう》さんや良寛《りょうかん》さんの名前があがるかもしれません。そのイメージは穏やかな広い心の人というものでしょうか。修行を積んだ禅僧は、弟子には厳しく接しますが、市井の人たちには、いつも相手を包み込むような心で相対します。感情を高ぶらせたり、声を荒らげたりということはありません。

そこには食事とのかかわりがあるのではないか、と私は思っています。修行道場に暮らす僧侶は別として、現代社会に暮らす禅僧は肉や魚を食べることもありますが、食の中心は野菜です。私も魚は食べますが、肉はあまり食べません。

食事は体をつくるものですが、それだけではなく心にも影響を与えています。何を食べるかによって心は変化するといってもいいでしょう。事実、格闘技などの選手は肉をモリモリ食べます。肉を食べることによって闘争心が湧き、攻撃的になるのです。

これに対して**野菜を食べると心が穏やかになります。**ベジタリアン（菜食主義者）と呼ばれる人たちには、総じて争いを好まない、穏やかな雰囲気をたたえている、というイメージがありませんか？　野菜は消化もよく、内臓に負担もかけません。お酒を飲む人は「休肝日」を持つことが大切だといわれますが、**みなさんも週に一度くらい野菜だけの食事をして、消化器系の器官を休ませる日を持ったらいかがでしょうか。**

ウイークデーはおつきあいもあって難しいかもしれませんから、土日のどちらかを「野菜断食」の日にする。野菜だけの料理を少量食べるようにするのです。体内に取り込むカロリーや栄養を少なくすると、細胞の眠っている部分がめざめて活性化し、備わっている自然治癒力が高まる、といわれています。水以外の食べものを断つ「断食」はその原理に基づいた健康法です。

野菜断食で細胞から体をリフレッシュして、やわらかく穏やかな心を取り戻す。仕事のストレスや人間関係の煩わしさで、現代人の心はカサカサに渇きがちです。そんな時代だからこそ、いますぐにでも取り入れてほしい習慣、それが野菜断食なのです。

修行僧は、肌が透けるように白くつややかになる

いつの時代も「美しさ」にかける女性の熱意は変わらないようです。まったくの門外漢である私がいうのは口幅ったいのですが、ダイエットやスキンケアといったことに、日夜、積極的に取り組んでいる女性の数は、おそらく想像をはるかに超えているのでしょう。

もちろん、その努力は多とするものですが、食事にもう少し気を配ったらいいのだがなあ、というのが私の偽らざる思いなのです。こんな経験があるからです。

曹洞宗《そうとうしゅう》大本山總持寺《そうじじ》での修行時代のことです。食事に〝苦労〟したという話は繰

り返ししてきました。ところが、その一方でじつに驚くべき変化が起きたのです。

修行生活は完全な男所帯ですが、そろそろひもじさを感じないでいられる時期になると、「あれっ！」という声がそこここであがり始めたのです。

修行を同じくしている雲水《うんすい》仲間の肌が、みるみる白くつやつやかになっていったことへの驚嘆の声です。男ですから肌を気にするわけではありませんが、どう見ても誰もが透けるように白い、つやつやの肌になっているのです。

なぜ、そうなるのか、正確なところはわかりませんが、考えられるのは食事です。肉、魚をいっさいとらない完璧な精進料理。修行前の〝野放図〟な食事とはうって変わったその食事が、白さ、つややかさの「源」だ、と考えるしかありません。

食材は消化のよい野菜ばかり。しかも、香辛料などの刺激物もコーヒー、紅茶といった嗜好品《しこうひん》の類いもまったくとりませんから、精進料理そのものが自然に肌にやさしい食事になっているのでしょう。それをずっと食べ続けるわけですから、肌によい変化があらわれるのは、当然の結果なのかもしれません。

このあたりの効果に目を向けると、精進料理の女性ファンが急増しそうです。実際、食事として非の打ちどころがないのが精進料理ですから、食生活にどんどん取り入れてください。そして、美しくなってください！

規則正しい食事は生活の句読点

みなさんの食事時間はどのようになっているでしょうか。朝食をとる時間はほぼ決まっていると思います。昼食も、仕事をしている人は昼休みにとることになるわけですから、これもそう時間がずれることはないでしょう。

もっとも、外回りをする営業関係の仕事に就いている人は、昼休みの時間帯に移動していることもあるでしょうから、いつも一定の時間にとるということにはなっていないかもしれません。時間がバラバラというのが夕食。仕事やつきあいの都合もあって、これはなかなか決まった時間にとれないのが一般的だと思います。

禅の修行中は徹底した時間管理がおこなわれます。起床と就寝の時間が決まっているのはもちろん、坐禅《ざぜん》や読経《どきょう》、作務《さむ》など一日にやるべきこと、やるべき時間がことこまかく決まっていて、毎日それを繰り返すことになります。

それが大切。同じことを繰り返し続けることによって、体がそれを覚えるのです。そのリズムに則って生活すると、落ち着いた心ですべてのものに取り組める。仕事の内容はその日によって違っても、食事は（通常）一日に三回、必ずします。それをできるかぎり規則正しくすることで、リズムがつくられていくのではないでしょうか。

私の場合は、午前四時半には起きて、朝のお勤めをすませ、七時に朝食をとります。午前中の仕事を終えて昼食をとるのが一二時、夕食はほぼ午後七時くらいにとるようにしていて、この食事時間はよほどのことがないかぎり崩すことはありません。

仕事は本来の住職としてのそれ、庭のデザイン、大学での講義、講演、執筆……と多岐にわたっていますが、**規則正しい食事時間がアクセントになって、よいリズムを生み出し、落ち着いた心でどの仕事にも臨める、**という気がしています。

外で仕事をしていると、難しいかもしれませんが、「規則正しい食事がリズムをつくる」ということを頭の隅に入れておくと、「食事は時間があるときに適当に……」という意識も変わってくるのだと思います。

腹八分に医者いらず

日本では男性の三人に一人、女性は五人に一人が朝食をとらないという調査データがあるようです。朝食をとるという人でも、ファストフード店や駅の立ち食いそば店ですませるケースも少なくなく、いずれにしても充実した朝食をとっている人のパーセンテージは、かなり低いものになっているのでしょう。

その反動か、ビジネスパーソンなどはとくに昼食をしっかり食べることになる。朝食を抜いて空腹感がいやでも高まっているときに、ランチタイムがやってくるわけですから、「さあ、食べるぞぉ！」と気合いが入るのもわからないではありませんが、食欲にまかせてめいっぱいおなかに詰め込むのはどうでしょうか。

昔から「腹八分目」といわれます。食事は満腹感が満たされるまで食べるのではなく、少し控えめにしておくのがいい、という意味ですが、広く知られている慣用句ですから、ほとんどの人が知っていると思います。

修行中の禅の食事が徹底した〝質素〟で貫かれていることは、すでにお話ししたところですが、この慣用句に倣えば、修行開始当初は「腹三分」から「腹四分」というところでしょう。とにかくひもじさに責め苛《さいな》まれます。しかし、よくしたもので（修行の成果でしょうか……）修行を始めて三カ月くらいすると、腹のほうの容量が変化します。一〇だったものが八、七で全容量になるのです。

八が容量なら、当初の三分は相対的に「五分弱」、四分は「五分」ということになりますし、七であれば、かつての四分はもう「五分以上」腹が満たされていることになるわけです。ひもじさもほとんど感じなくなります。

それと同時に頭も体もすきっとクリアになる。**「腹八分に医者いらず」という諺《ことわざ》もあるように、食事は控えめにしておくほうが、心身の健康にもいい、ということが実感されるのです。**

また、おなかいっぱい食べれば、それを消化吸収するために消化器官がフル稼働しなければいけなくなり、消化器官に血液がどんどん送り込まれます。そのぶん脳にいく血液の量が減ることになります。脳を働かせるのは、いうまでもなく、血液のなかの酸素と栄養素ですから、送られる血液の量が少なくなれば、脳はいってみれば、少々〝休息状態〟に入るというわけです。

「昼飯を食べたあとは、どうしても眠くなってくる」

「午後になるとしばらくのあいだ、なんか仕事の効率が落ちる気がする」

そんな声がしばしば聞かれるのは、おなかいっぱい食べたことで脳がしばしの休息を決め込んでいるからでしょう。当然、「おなかいっぱい」は肥満にもつながります。大相撲の力士たちは朝食をとらず、朝稽古のあとたっぷり食事をとって、昼寝をするという食事スタイルを、毎日、続けています。それがあの体型をつくっていく。昼、「おなかいっぱい」食べて、午後はしばらくぼんやり、というのとどこか似ていますね。

やはり、腹八分、腹七分くらいにとどめておくのが、もっとも望ましい食事のとり方といえるでしょう。外食は一般的に量が多めに設定されていることが多く、食べ過ぎにつながりやすいという声がありますが、それも「ごはんを少なめにしてください（おかず系は少なくしてもらうのが難しいので……）」とお願いしてごはんの量を減らせば、食べ残して無駄にすることもなく、有効な〝食べ過ぎ防止策〟にもなるはずです。

朝、丁寧にゆっくりと一杯のお茶を味わう

日常生活のなかでもっともあわただしい時間帯は朝でしょう。多くの人は起きてから出勤するまでの時間がきわめてタイト。朝食も身支度も、女性ならメイクも〝そこそこ〟の状態で家を飛び出す、といったことが少なくないのではありませんか？

私は**一日の流れを決めるのは朝**だと思っています。**せわしない朝の過ごし方をしたら、その一日は時間に追われるものになってしまう。ですからこそ、朝はゆったりと過ごしてほしいのです。**

少し早く起きれば、朝の時間はグッと余裕のあるものになります。朝食はそれぞれ

のスタイルで、しっかりとればいいと思いますが、ぜひ、実践してほしいのが一杯のお茶を味わうことです。

日本にお茶が伝わったのは奈良時代とされていますが、現在のお茶とは違う団茶《だんちゃ》と呼ばれる塊状のもので、貴重な薬として扱われました。これは日本人の口には合わなかったようです。その後、日本に臨済禅《りんざいぜん》を伝えた栄西禅師《えいさいぜんじ》が、鎌倉時代初期に中国から現在のかたちのお茶を持ち帰り、広く普及することになったと伝えられています。

その栄西禅師が著した『喫茶養生記《きっさようじょうき》』という書物のなかに、源頼朝《みなもとのよりとも》にお茶をふるまったというくだりがありますが、その目的は二日酔い対策だったそうですから、薬としての側面がまだまだ強かったのでしょう。

禅寺には「行茶《ぎょうちゃ》」といって修行僧たちがお茶を飲む儀式があり、お茶はなくてはならないものになっています。昔は簡単に手に入らなかったため、大きな禅寺では自前の茶園を持っていたほどです。

一杯のお茶を心をこめていれる。お茶は種類によってふさわしいお湯の温度も飲み頃も違ってきます。煎茶の場合は七〇～八〇度のお湯が、玉露はもっと低温、五〇～六〇度くらいが、もっとも旨《うま》みが溶け出すとされています。また、ほうじ茶や玄米茶などは一〇〇度の熱いお湯でいれると香りが引き立ちます。

飲み頃はほうじ茶、玄米茶は三〇秒程度、煎茶は一分～二分、玉露は二分～二分三〇秒というところが目安でしょうか。

できれば鉄瓶を使って薪《まき》でお湯を沸かすのが理想ですが、現実的には難しいと思います。薬罐《やかん》とガスやＩＨのコンロでかまいませんが、電子レンジや湯沸かしポットは舌を刺すようなお湯になってしまいますから、避けるようにしましょう。

朝、ゆったりとした気分でお茶を楽しんでいると、心が穏やかになります。禅では「縁《えん》」ということを大事にしますが、そこでもうよい縁が結ばれているのです。よい縁は連鎖して次々に良縁をもたらします。心穏やかに仕事にも向かうことができて、仕事時間が充実したものとなり、成果が上がる、といったことになる。

逆にバタバタとあわただしく、騒いだ心で朝を過ごしたら、悪い縁から一日をスタートさせることになり、悪縁の連鎖が起きて、忘れものや仕事上のミスを引き寄せることになったりするのです。

また、**朝の一杯のお茶が習慣になると、その日その日の味わいの違いで、体調がわかるように**もなります。「香りも味もいつもみたいに感じられない。ちょっと疲れているのかな」という塩梅。もちろん、コーヒー党や紅茶派なら、そのお気に入りを朝、ゆっくり楽しむようにすればいいのです。

さあ、しっかり朝食を食べましょう！

朝、昼、夜の三食のうち、もっとも〝お手軽〟にすませているのは朝食でしょう。その理由は忙しくて時間がないというもの。少しでも遅くまで寝ていたいから、朝食抜きが習慣化しているという人もいるのではありませんか？

しかし、**朝食は一日の活動を始める起点の食事。活動のためのウォーミングアップ**という意味あいもあると思います。それをしっかり食べるか食べないかで、その日の活動全体にも影響が及ぶのではないでしょうか。

アスリートが入念なウォーミングアップをするのは、スタートの瞬間から自分の持っている力を最大限に発揮して、最高のパフォーマンスをするためです。**ウォーミングアップをおろそかにしたら、そのレースの惨敗は必至**です。

実際、昔から、活動に臨む前の朝食こそしっかり食べ、昼食はふつうに、あとは寝るだけの夜の食事は簡素でいい、という言い方もされています。

「しかし、起き抜けにしっかり朝食を食べるのは、正直いって、〝キツイ！〟」

そんな人が少なくないかもしれません。〝起き抜け〟だから〝キツイ〟のです。朝食の前に少し動いて、頭も体もめざめさせる。それならしっかり朝食が食べられるのではないですか。

ポイントはやはり、朝早く起きることにあります。早起きをして、近くの公園を散歩する。庭やベランダのグリーンに水やりをする。軽いストレッチをしてみる……。朝の時間に余裕があると、できることはいくらでもあります。

公園では季節ごとに違った花々が、つぼみをふくらませ、開花していくでしょう。聞こえてくる鳥のさえずりも四季によってさまざま。一夏で命を終える蟬《せみ》も、たくさんの種類が時期によって鳴き分けています。

そのときどきの自然のありようを体いっぱいに感じながら歩をすすめる三〇分は、生きていることの実感をあらためて思い起こさせるに違いありません。庭やベランダで〝ひと仕事〟することでだって、季節の風のかすかな変化まで肌で受けとることができます。

朝、そんな時間を持つことで起き抜けの寝ぼけ眼も、パチリと見開かれます。ほどよい空腹感も出てきますから、「さあ、しっかり朝食を食べよう」という気持ちにもなるのです。食後は一杯のお茶を楽しむ（95ページ）のがいいですね。

ここまで入念なウォーミングアップをしてスタートさせる一日は、仕事にもプライベートな活動にも、快適にフルスロットルで取り組めると思いませんか？「飲み過ぎた翌朝は決まってこれだよ。午前中は仕事になんかならないよ」という一日との違いを思ってみてください。

早起きが習慣になると、一日の景色がまるで変わってきます。活動が充実するのはもちろん、夜も早々に睡魔が襲ってきますから、ダラダラと宵っ張りの夜を過ごすことがなくなります。すべてがよい循環でまわるようになる、といってもいいでしょう。

「朝寝坊で朝食抜き」と「早起きで朝食しっかり」。その日一日だけなら、違いはわずかなものかもしれません。しかし、人生は長いのです。それが五年、一〇年、二〇年と続いたら、違いはどんどん大きくなっていきます。

さあ、どちらを選ぶか？　選択はあなたにおまかせしましょう。

どんな人にでも「まあ、お茶でもどうぞ」の心

四国八十八か所の霊場をめぐる「お遍路さん」の数は、年間二〇万人とも三〇万人ともいわれています。弘法大師《こうぼうだいし》ゆかりの寺がある、お遍路めぐりの地には、古くから受け継がれてきた習わしがあります。「お接待」がそれです。

お遍路さんたちがめぐり行く地域のそこかしこで、そこに暮らす人たちがお茶やお菓子をふるまったり、路銀を提供するのがお接待。お遍路さんの一人ひとりを「お大師様」として扱うことから生まれた、もてなしの心あふれるすばらしい日本の伝統文化だと思います。

禅語に「喫茶去《きっさこ》」というものがあります。もとになっているのは趙州従諗《じょうしゅうじゅうしん》禅師の次のような逸話です。

ある寺に逗留《とうりゅう》していた趙州禅師を修行僧が訪ねてきます。高名な禅師にぜひ教えを賜りたいというわけですね。その修行僧に禅師がこう聞きます。

「おまえさんは、以前にもここにきたことがあったかね？」

修行僧が、「はい、前にもお訪ねしたことがあります」と答えると、禅師は「喫茶去」というのです。その意味は、「まあ、お茶でもどうぞおあがり」ということです。

日が変わって、別の修行僧が訪ねてきます。すると、禅師はまた同じ質問をする。今度の修行僧は、「いいえ、以前にはまいったことがありません」と答えるのですが、それに対する禅師の対応は同じ。やはり、「喫茶去」なのです。

そうした問答を聞いていた寺の院主（住職）が不思議に思って、趙州禅師に質問を投げかけます。

「こちらにきたことがあるという人にも、きたことがないという人にも、『まあ、お茶でもどうぞ』といわれていましたが、何か理由があってのことですか？」

禅師は院主にこう答えます。

「喫茶去」

さて、趙州禅師の意図するところはなんだったのでしょうか。禅師が「喫茶去」の言葉で対応した相手は三者三様。以前顔を合わせている禅僧とはじめて趙州禅師に会う禅僧、そして、逗留先の住職ですから、禅師とは親しい間柄の人でしょう。

それぞれに関係性も身分も立場も異なる三人に対して、同じ言葉を投げかけたということは、まったく同じように三人と向き合っている、ということです。顔を見知っているから、初対面だから、親しくしているから、ということで対応が変わるということがないのです。いっさいのはからいのない、いかなる選り分けもしない、透徹した心がそこにあります。

お遍路さんをすべてお大師様として遇するお接待の心も、これに通じるものでしょう。**相手が誰であるかにかかわりなく、「まあ、お茶でもどうぞ」と迎えられる。人に対して先入観を持ったり、色眼鏡で見たりすることのない、まっさらな心であってはじめてできることではないでしょうか。**

もてなしの真髄も、また、そこにあるという気がします。「あなたをおもてなしできることがうれしい」。そんな思いだけで食事やお茶をふるまう。「喫茶去」の心がまさしくそこにあらわれています。

手盆は美しくありません

テレビ界のグルメ番組ブームは変わらず続いているようです。そこでは人気のタレントさんや俳優さん、スポーツ界の有名人などが登場して、さまざまな料理を食べるシーンが展開されています。

テレビを観《み》る機会はあまりないのですが、何かの折にたまたまその種の番組を目にしたりするとき、とても気になることがあります。ほとんどの人が料理を口に運ぶ際、手のひらで受けるようにしているのです。いわゆる「手盆《てぼん》」といわれる所作ですが、若い人はもちろん、人生の年輪を重ねたベテランと呼ばれる人たちも、決まったようにその手盆をしているのです。

それが正しい食事の作法のように思われているのか、巷の食事風景でも手盆は随処で見受けられます。たしかに、刺身や汁気のある煮物などを食べるとき、手盆をすればしょうゆや汁でテーブルを汚すことはないでしょう。そうした気配りも食事の大切な作法だと考えれば、手盆も理にかなったもの、といえなくもないのかもしれません。

しかし、手盆をしている姿が美しいでしょうか。私はおおいに疑問を感じずにはいられません。もし、手のひらにしょうゆや汁が滴り落ちたら、箸使いを誤って刺身や煮物が落ちてしまったら、その〝処理〟はどうするのでしょう。

まさか、しょうゆや汁を舐めたり、手のひらで刺身や煮物を口に放り込む、といったことはしないと思いますが、手拭きで手のひらをぬぐったり、手のひらから料理を箸でつまみ上げたりしている姿は、周囲の顰蹙《ひんしゅく》を買うに十分です。

和食はほとんどの料理が小皿や小鉢、あるいは小さな椀《わん》に盛られています。それらを胸元まで持っていって食べる、というのが正しい作法だからです。胸元まで持っていけば、食べる姿勢も崩れませんし、料理に口を近づける「迎え口《むかえぐち》」という不作法をしてしまうこともありません。いままで疑いもなく手盆をしてきたというみなさん、そろそろ宗旨替えをしませんか？

その料理の話をすることは、より深く味わうことにつながる

禅の修行中の食事では、話すことはいっさい禁じられています。すでに紹介した「喫茶喫飯」、食べることだけに集中して、食事とひとつになるのが、禅の食事作法だからです。食事とひとつになる、というその精神はおおいに学んでいただきたいところですが、食事中、ひとことも語らず、黙々と箸をすすめるというのは、現実的には難しいでしょうし、食事の楽しさを半減させてしまうということにもなりそうです。

もっとも、口に料理が入っているときは、話をせず、しっかり嚙み、料理のおいしさ、さらには素材感を味わうことにつとめましょう。そのうえでおたがいに言葉を交

わすようにするのがいいと思いますが、ちょっと心がけてほしいことがあります。たとえば、よく見られるのがこんな光景。

「○○さんが、車を買い換えたって知っている？　高級外車ですって。すごいわね。私なんか国産の大衆車にずっと乗っているっていうのに……」

「○○さんは実家が資産家なのよ。いいご身分、羨ましいかぎり」

この種の話題がいけないというわけではありません。他愛《たわい》のない噂《うわさ》話の類が場を盛り上げ、コミュニケーションを円滑にすることは認めます。しかし、何もおいしい食事をいただいているときに、わざわざ持ち出さなくてもいいのではないでしょうか。

いま、いただいている料理について話すことはいくらでも見つかるのではありませんか？「ふっと香ってくるこのいいにおい。旬のものってやっぱり違うね」「お肉もこんなふうにすると、食感がぜんぜん違ってくる」「香りが強い野菜でも、これなら食べやすくなる。さすがにプロの技だな」……。料理について話すことは満載です。食べながら、料理を話題にすることは、よく味わうことにもつながります。**舌で味わい、心でも味わう**ことになる、といってもいいのではないでしょうか。

料理そっちのけであらぬ話題に興じていると、「さっき何を食べたのだっけ？」ということにもなりかねません。せっかくの食事なのに、もったいない……ですよね！

食卓に花を飾り、自分自身を〝もてなす〟

食事でお客さまをもてなすとき、料理そのものはもちろん大切ですが、食事をする空間全体にも気配りをするのが、日本人の心です。和室なら床の間の掛け軸、部屋に焚《た》きこめる香などがそれですが、もっと身近で深い気配りを感じさせるのが花です。

食卓に飾られた一輪の花が醸し出す季節感。いまはマンションで暮らしている人も多く、咲き変わる庭の花で季節を感じるということがなくなっています。それだけに、花の〝効果〟は大きいのです。

暑い盛りに目にする一輪の朝顔は、まさに夏を感じさせますし、その青い色は涼やかさをもたらしてもくれます。紅葉の時期ならもみじの一枝をあしらうだけで、その空間は秋の風情が漂うものとならないでしょうか。

四季折々の花は、空間ばかりでなく、それを見る人の心にも季節を添えます。それこそ最上級のもてなしではないか、と私は思っています。

「樹下石上《じゅげせきじょう》」という禅語があります。樹木の下、石の上でひとり坐禅を組むということですが、雲水たちはそうした自然を宿として修行の旅を続けたのです。そのなかで自然とひとつになることが、禅僧の理想でもあったわけです。自然を象徴するのが季節の移ろいです。そして、季節ごとの花はその移ろいを余すところなく体現しています。そう、花を飾ることは小さな自然と触れ合う、ということでもあるのです。

誰かをもてなすというときだけではなく、ひとりで食事をするときにも花があるかないかで、気持ちはまったく違ったものになります。心が癒されたり、励まされたり……。あるいは、一輪の花から「紫陽花《あじさい》の季節だな。そういえば去年鎌倉のお寺で見た紫陽花はみごとだったなあ」と、かつて味わった感動が甦《よみがえ》ってくる、といったことがあるかもしれません。

どこか、心が清々《すがすが》しくなる時間だと思いませんか？　花で自分自身を〝もてなす〟のも素敵なことだと思います。

嫌いなもの、食べられないものには手をつけない

食の好みはさまざま、それこそ千差万別です。たとえば、強烈なにおいがあるくさやを「酒肴《しゅこう》にこれにまさるものなし」という人もいれば、かなり離れたところで焼いていても「くさい、このにおいだけは許せない！」と鼻をつまむ人もいます。

くさやほどの〝個性派〟でなくても、これは嫌い、これだけは食べられない、という食材や料理が誰にでもあるものです。食事の席で折悪《あ》しく、そんな大の苦手をふるまわれたら？

せっかくふるまってくれている相手の気持ちに応えて、ほんのわずかでも箸をつけ

るのがいい、と考える人がいるかもしれません。しかし、いったん箸をつけてしまったら、ほかの人に譲るというわけにはいきません。文字どおり、〝せっかく〟の食材や料理は捨てるしかなくなります。やはり、率直に嫌いは嫌い、食べられないものは食べられない、と伝えるのがいちばんでしょう。ただし、「私、これ嫌いなんです（食べられないんです）」というのは、いかにも配慮に欠けます。

「せっかく用意してくださったのに、申し訳ないのですが、じつは私、こちらはいただいたことがなくて……」

こんな言い方なら相手も気配りを感じて、けっして傷ついたり、いやな気持ちになったりすることはないと思うのです。さらに次のようにつけ加えると、いっそう配慮の深さを感じさせます。

「どなたかに召し上がっていただけたら、うれしいのですが……」

箸をつけていなければ、それを誰かに食べてもらうことは、作法に反することではありません。そして、料理のなかの一品をおかわりする。

「この煮物をおかわりさせていただいてよろしいでしょうか。とてもおいしくて、もう、全部いただいてしまったので……」

台所に立つ相手の笑顔はこう語っています。「ほんとうに感じのよいお客さまね」。

相手の「嫌いなもの」を聞いておく

前項ともかかわっていますが、こちらが食事をふるまう立場になったとき、まず、心にとめておくべきなのは、相手の好みをたしかめるということです。食材も料理も、好きなものを、楽しんで召し上がっていただくのがもてなしの「原点」。いくら高級な食材でも、めったに手に入らない貴重なものでも、あるいはどれほど手をかけて調理したものでも、好みに合わなければ、もてなしそのものの意味が薄れてしまいます。

肉が苦手な人には最高級の松阪牛《まつさかうし》も、魚が苦手という人にとっては、トラフグのコースも「出されて困る」迷惑料理にすぎないのです。

好みをたしかめるには、好きなものではなく、まず、嫌いなものを聞くのがポイント。

「何かお嫌いなもの、苦手なものはございますか？」

そう尋ねて、〝嫌い〟を把握しておけば、もてなしに失敗することはありません。好きなものを聞いて、たとえば、「肉には目がありません」という答えをもらい、ステーキのコースをセッティングしたとします。

いざ、食事会がスタートして、メインの肉の前に伊勢エビが鉄板にのったとたん、ゲストから「あっ、申し訳ない。私、エビは苦手で……」という声があがったら、その場に気まずい空気が漂います。

また、好きなものと一緒にアレルギーのあるものが出されることもないとはいえません。こちらはさらに深刻です。そんな事態を避ける意味でも、〝好き〟より〝嫌い〟をたしかめておくのが、食事をふるまう際の鉄則といっていいでしょう。

そのうえで、好きなものについての情報もキャッチする。直接本人に聞いてもかまいませんが、人によっては「催促するようで自分からはいいにくい」ということがあるかもしれません。ビジネスシーンなら、本人の周辺から「○○部長はとくにお好きなものがあるのでしょうか？」と情報収集するのもひとつの方法。自分では伝えていないのに、大好物で接待されたら、感動もひとしお、ということになりませんか？

レストランで店員に横柄な態度をとる人

たまに外食をすることがありますが、さまざまな人のふるまいを見ていて、とても気になることがあります。店員に対する態度がそれです。いかにも〝客風〟を吹かせる人って、見かけませんか？

「パスタまだ？　だいぶ時間が経《た》ってるよ、いつまで待たせるんだよ」

店にも混雑している時間帯があります。オーダーした料理が運ばれてくるまでに、多少、時間がかかることもある。客だからといって、この対応はどうでしょうか。

こんなデータがあるのを知っていますか？　恋人同士で食事をしているとき、女性がいちばん「この彼、いやだな！」と感じるのは、店員に対して横柄な態度をとったときだそうです。心の偏狭さ、人間としての器の小ささ、がそこにあらわれてしまっているからでしょう。

前に「どんな食材も一〇〇人の手を経てそこにある」という話をしましたが、料理も同じです。**目の前に料理を運んでくれた人、その人のお蔭《かげ》で料理を食べることができる**のです。それを思ったら、感謝の気持ちが湧いてくることはあっても、上から目線で対応することなどできなくなるはずです。私はいつも手を合わせて、「ありがとうございます」と言葉をかけます。たったそれだけのことで、こちらも気持ちよく食事をいただくことができますし、サービスしてくれる人も心地よくサービスにつとめることができるのだ、と思うのです。

みなさんは僧侶ではありませんから、合掌まですることはありませんが、「ありがとう（ございます）」のひとことを外食の食事作法として〝定着〟させてはいかがでしょう。さきのデータに照らしても、自然にそのふるまいができたら、「この彼、素敵！」となる〝確率〟は、相当高そうです。

「一切衆生悉有仏性《いっさいしゅじょうしつうぶっしょう》」。一人ひとりが仏様を宿した存在なのです。**誰かに横柄な態度をとることは、その人の内にある仏様を蔑《ないがし》ろにすること。**そんなこと、できますか？

ファストフード、レトルト食品は好きですか?

ファストフード、レトルト食品を利用したことはかつて一度もない、という人はほとんどいないのではないでしょうか。それほど普及率は高い。若い世代には、朝食、昼食はファストフード、夜はもっぱらレトルト食品という、それらの食品の〝申し子〟もいるかもしれません。

簡単、手間なし、利便性にはたしかにすぐれているそれら食品を、完全に食生活から閉め出すべきだとまではいいません。どうしても食事をつくる時間がないときの〝急場しのぎ〟として捉えるのなら、利用するのもかまわないと思います。

ただし、それらの食品に共通する特徴については知っておく必要があります。誰の口にも合う、口当たりがいい、というのも特徴のひとつですが、そのために油や甘味、塩分が多めに使われています。食べ続けていれば、当然、それらの過剰摂取になります。

もうひとつ問題なのは、**味覚が鈍くなってしまう**ことでしょう。人間の味覚は一〇歳までに完成するといわれます。**子どもの頃からファストフード、レトルト食品がメインの食生活を送っていると、繊細な味がわからなくなるのです。**

素材を十分に活《い》かし、そのよさを引き出す味つけをした料理を味わっても、「何これ!?　ちっともおいしくない。ハンバーガーのほうがずっとうまいよ」ということになる。それでは、四季の食材、海山の恵みがこれほど豊かで、「だし」を使うという、世界も注目する調理技法を持つ、この日本に生まれた甲斐《かい》がないというものです。

前にも触れましたが、食事をするということは命をいただくことです。私たちは尊い命をいただいて、みずからの命をつないでいるのです。いただいた命に心から感謝をして、丁寧にしっかりと味わい、その力によって自分の命をいっぱいに生きる。それが人として生まれてきたものの本分でしょう。

多くの場合、食材のもとの形もわからない、ファストフード、レトルト食品は、やはり、〝急場しのぎ〟以上のものにはできない、と思いませんか?

病に倒れたら、執着を捨て、食を快方へのモチベーションに

病気になってはじめて、ヒシヒシと感じるのが健康の大切さだといわれます。同時に知るのが、好きなものをふつうに食べられることのありがたさでしょう。油っこいものには目がないという人が病気になって、その禁止令が出たら、なぜか、いつでも天ぷらやとんかつを食べられていた〃あのとき〃が、やたらに思い浮かんできます。

そして、病気になったことを怨《うら》み、食べられない〃いま〃を嘆いたりするわけです。それらは邪念、煩悩《ぼんのう》ですから、心を縛ります。その結果、病気を治すことに専心できなくなって、快復まで長くかかってしまうということにもなるのです。

良寛さんの言葉にこんなものがあります。

「災難に逢《あ》う時節には、災難に逢うがよく候《そうろう》」

災難はいくら自分で避けようと思っても、逢うときには逢うものなのだ。ならば、受けとめてしまったらいい、ということでしょう。この言葉に倣えば、

「病気に逢う時節には、病気に逢うがよく候」

です。病気になったわが身を怨んでみたところで、それが治療に貢献してくれるわけではありません。大好物が食べられないことを嘆いたって、食べられるようになるわけではないのです。病気をしっかり受けとめ、受け入れて、治すことだけにつとめる。いまやるべきことはそれだけ。ほかにはないのです。

「治すこと」に心を定めていれば、ときに大好物を思うことがあっても、それに執着することはありません。逆に「早く治して、食べられるようになってやる」というふうによい方向でのモチベーションにもなります。

文字どおり、「気」を「病む」のが病気ですから、気持ちのありよう、心の持ち方が治療にも大きく影響します。意欲を充実させて治すことに専心するのと、怨みや嘆きに心を翻弄されているのとでは、考えてみるまでもなく、結果は明らか。病気が癒えたら、心おきなく、大好物をいただくことに、ありがたく専心すればいいのです。

第三章

毎日が輝きはじめる丁寧な食習慣

家族そろって食事をすることの意味

「コケコッコ症候群」という言葉を聞いたことがありますか？　朝を告げるニワトリの鳴き声そのままですが、漢字で書くとこうなります。**「孤欠個固」**。これは現代の子どもたちの食傾向を示すものなのです。「孤食」はひとりで食べること、「欠食」は食事を抜くこと、「個食」は同じ食卓でも、それぞれが違ったものを食べること、「固食」はいつも固定メニュー、つまり、同じものばかり食べること、だそうです。

この言葉はそうした子どもたちの食傾向に警鐘を鳴らす意味で生まれたものですが、考えてみると、孤食、個食などは家族全体の食事についてもいえるような気がします。

夫婦がともに仕事を持っていれば、帰宅する時間帯がマチマチになって、それぞれ孤食をすることもあるでしょうし、一緒に食卓についても、食べるものが帰宅途中にそれぞれが買ってきた、思い思いのお弁当では、個食ということになります。

子どもたちも、塾通いやクラブ活動などで、孤食や個食になることが、少なくないのではないでしょうか。いずれにしても、昔は家族間にふつうにあった一家団欒《だんらん》の風景が失われつつあることはたしかです。

しかし、家族のかかわりはほかにとって代わるものがないほど大切です。「露《ろ》堂々《どうどう》」という禅語があります。どこにも包み隠したり、取り繕ったりするところがなく、ありのままの自然の姿があらわれている、という意味です。

家から一歩外に出れば、家族の誰もが社会的な顔にならざるを得ません。父親（仕事を持っている母親も）には会社での地位や立場がありますから、それにふさわしい顔で一日の大半を過ごすことになりますし、母親には子どもの学校のつきあいや地域の人たちとのかかわりがあって、そこに溶け込む顔が必要でしょう。

同じ学校に子どもを通わせる母親たちが、「○○ちゃん（子どもの名前）ママ」と呼び合ったりするのはその象徴。○○ちゃんママとしての顔を求められているわけです。子どもにだってそれなりの〝外面《そとづら》〟があるはずです。

そんななかでたったひとつ、**素顔でいられるのが本来は家族といる場、すなわち家庭です。**家族と一緒にいるときは、部長の威厳を保つ必要もないし、理解のある○○ちゃんママでいることもない。できのいい生徒でなくたっていいのです。禅語のいう、ありのままの自然の姿でかかわり合っていける。それが家族のもっとも重要な意味ではないかと思います。しかし、そんな家族の関係が壊れかけているのも事実です。

本来の家族を取り戻すためのヒント。それは**家族がそろって食事をすることにある、**と私は思っています。週に一度、家族全員で食卓を囲む日を持ちませんか？　それぞれに都合はあっても、この日は○○時に帰宅して一緒に食事をする、ということを家族のルールにすれば、時間のやりくりはできるはずです。全員がそろうまで食事は始めない、という取り決めをしておけば、各自に責任感も生まれます。はじめは少しギクシャクしても、そこは家族です。食事中、あるいは食べ終わったあとに誰からともなく会話が始まるでしょう。会話のなかで近況が語られ、それぞれの考えていることがわかってくる。そうしたことを通して、一人ひとりが心に家族に対するたしかな思いを持つようになるのです。絆《きずな》が深まるといってもいい。

おたがいが「露堂々」でいられるのは家族のなかだけです。どうか、それを取り戻すことに労を惜しまないでください。

シンプルな食の極み「お粥」を取り入れる

中国や台湾、香港《ホンコン》に行くと朝食にお粥《かゆ》を出すレストランがそこかしこにあります。もちろん、自宅で食べる人もいるでしょうし、彼《か》の地ではお粥が朝食の定番メニューになっているのです。

一方、日本はといえば、お粥には〝病人食〟のイメージがありませんか？

「そうそう、そういえば、子どもの頃、病気になったときはいつも、お粥に梅干しだった記憶がある」

そんな人はけっして少なくないはずです。病気になったときお粥を食べる〝習慣〟

があるのは、とても消化がよく胃や腸に負担をかけないからです。病で消化器官が弱っている状態にはうってつけの食事なのです。

このお粥のメリットをもっと活用しない手はないと思うのですが、いかがでしょうか。考えてみると、現代人の食生活は高カロリー、高たんぱく、高脂肪に偏っています。とくに外食のグルメ系の料理はその傾向が強い。しかも、美味に〝そそのかされて〟ついつい食べ過ぎてしまうことが少なくありません。当然、消化器官にかかる負担も大きいものになっています。

ときに**消化器にやさしいお粥をメニューに取り入れて、その負担を軽減することは現代人に必須の食事の知恵**だという気がするのです。修行中の禅僧のように朝食はすべてお粥にするというのは無理があると思いますが、週に一回か二回、朝食はお粥という食習慣をつけてはいかがでしょう。

お粥をつくるポイントはひとつ。米から炊くということです。一般には、「ごはんが残っているからお粥（雑炊）にでも……」ということが多いようですが、残りごはんを使うのと米から炊くのとでは、できばえがまったく違います。味はもちろんですが、とくに香りは比べものになりません。

いまはお粥を炊ける炊飯器もありますから、それを利用するのもいいでしょう。修行中の朝粥のつけ合わせは、胡麻《ごま》塩と香菜（漬け物）少々だという話はしました。最初は物足りなさと空腹感が先にたって、とても味わうどころではないのですが、慣れてくると、これがじつにいい。すった胡麻の芳ばしい香りがふわっと立って、どこか贅沢《ぜいたく》にも感じられるようになるのです。

お粥をいただく応量器《おうりょうき》は木製の漆塗りですから、胡麻の香りと相まって漆もかすかに香ってきます。シンプルな食の極みのお粥ですが、その味わいはどこまでも深いことが実感されます。できれば、お粥用の漆塗りの器を用意すると、いっそうおいしさを堪能《たんのう》できるのではないでしょうか。

もちろん、修行中の身ならぬみなさんは、胡麻塩と漬け物だけではなく、梅干しやしらす、佃煮《つくだに》、魚のフレークなど、好みの副菜を添えればいい。小豆を入れて小豆粥にしたり、サツマイモと一緒に炊いて芋粥にしたりするのもおすすめです。

炊きたてのお粥から始める朝は、気分を爽やかにしてくれます。ぜひ、あなたの実践で、〝病人食〟の汚名を雪《すす》ぎ、すぐれた〝健康食〟としてお粥を定着させてください。

合掌することは食事とひとつになるための作法

食事をする前に手を合わせて、「いただきます」。もう、そんな食事作法がみなさんには当たり前になっているでしょうか。食材の命をいただくことへの感謝の心は、人は自分の力だけで生きているのではなく、たくさんのもの、あるいは人によって生かされているのだ、ということに気づかせてもくれます。

「謙受益（けんはえきをうく）」という言葉があります。たしか、中国古典にあるものだと思いますが、謙虚であれば利益を受ける、という意味です。ざっくばらんにいえば、謙虚に生きていたら、いいことがいっぱいあるよ、ということ。

ちなみに、この言葉と対句になっているのが、「満招損（まんはそんをまねき）」です。こちらは、驕《おご》り高ぶっていたら、損を引き寄せることになる、といった意味ですね。生かされている自分をいつも感じていること。それが謙虚に生きようという思いにつながっていることはいうまでもないでしょう。そう、食事の前に手を合わせていると、知らず知らずのうちに、自分の内にある傲慢さを戒めることになるし、同時に謙虚であることの大切さに思いを新たにすることになるのです。

ここで手を合わせること、合掌の意味についてお話ししておきましょう。右手の掌は仏様の心、そして、左手の掌は自分の心です。つまり、**合掌することは仏様の心と自分の心をひとつにすること**なのです。仏教の基本は、仏様の心と一体になることですから、合掌礼拝はまさにその基本の実践、基本を体現している所作ということになります。

また、仏様の心は自分と相対している「相手」の心でもあります。**目の前にある食事に合掌することは、そこにある食材の一つひとつと自分の心をひとつにすること**です。「喫茶喫飯《きっさきっぱん》」という禅語を前に紹介しましたが、合掌はその喫飯、すなわち食事とひとつになるための作法でもあるのです。

合掌についてはこんな逸話が伝わっています。神奈川県鎌倉市にある円覚寺《えんがくじ》のご開山様として知られる無学祖元禅師《むがくそげんぜんじ》にまつわるものです。

禅師がまだ中国にいたときのこと、元《げん》の軍が南宋《なんそう》に侵入した際、禅師は難を避けて温州《うんしゅう》の能仁寺《のうにんじ》にいました。しかし、元の大軍はそこにも侵攻してきます。寺にいた僧侶たちはいっせいに逃れるのですが、そのなかで無学祖元禅師だけは寺に残り、坐禅《ざぜん》を組み合掌していました。その禅師に元の兵が斬りかかろうとします。そのとき、禅師は微動だにしないで、こういう内容のことをいったと伝えられています。

「そんな刀を振りかざしても、生死を超えたわが身には、稲妻が光る瞬間に、春風を斬るようなものだ」

『臨刃偈《りんじんげ》』と呼ばれる文言ですが、どんな刀をもってしても、(合掌によって)仏と一体になった自分の魂を切ることはできないぞ、というほどの意味でしょう。その迫力の前に元の兵はすごすごと退散したといわれます。

話が少し横道に逸《そ》れたかもしれませんが、合掌することの〝パワー〟の一端はわかっていただけたのではないでしょうか。

食事のたびに合掌する。それは食事と一体になるということばかりでなく、生きるパワーを蓄えることにもなる、ということなのかもしれません。う〜ん、食事から学ぶことは汲《く》めどもつきぬほどにある。そんな気がしてきませんか?

お酒は飲める分量の七〜八分目に

禅寺の門前には「不許葷酒入山門（くんしゅさんもんにいるをゆるさず）」と書かれた石標が建つか、かつてはそれがない場合には板がかかっていました。山門のなかに酒を持ち込むことはまかりならん、ということです。禅僧（仏教徒）が酒を嗜《たしな》むことは固く禁じられていたのです。仏の道を志すものが守るべき規範である「五戒《ごかい》」にも酒に関するものがあります。「不酤酒戒《ふこしゅかい》」（「不飲酒戒」ともいいます）がそれで、読んで字のごとし、酒を飲んではいけない、という戒です。

しかし、禅僧とて人の子、生身の人間ですから、なかにはお酒とめっぽう相性がよろしい、つまり、根っからの左党《さとう》という人もいます。ちなみに、お酒が好きな人を左党というのは、大工職人さんが使う鑿《のみ》が語源になっています。鑿を持つのは左手ですから、それを鑿手《のみて》といい、飲み手にかけたのです。もっぱら飲み手である左手を使うのが左党というわけです。

さて、左党の禅僧たちは方便を考えました。お酒は禁じられていても、薬ならかまわないだろう。そこで、お酒を「般若湯《はんにゃとう》」と呼び、薬として飲むことにしたのです。般若湯の般若は、『般若心経《しんぎょう》』にも使われているように、「悟りに到《いた》る大いなる智慧《ちえ》」という意味です。智慧のいっぱい詰まったお湯である般若湯なら、いくら飲んでも仏道から外れることはない、ということなのでしょう。また、お酒を「智水」とも呼び、智慧の水と呼ぶのも同じ理由によるものです。

私はほとんどお酒を飲みませんが、修行を終えたあとなら（雲水修行中は絶対的に禁酒が建前です）、好きな人が嗜むのはかまわないと思っています。ただし、飲み方には十分注意することです。自分を見失ってしまったり、他人に絡んだりするのは、あきらかに飲み過ぎです。まして、酒乱などは論外。どのくらいの量が自分にとって「いい加減」なのかを知っておくのが、最低限の作法でしょう。

飲める量の七分か、八分にとどめておく。そのあたりが、いい加減、いい塩梅《あんばい》、だという気がします。桜の花も七分咲き、八分咲きの時期がもっとも色も美しく、あでやかで、いちばんの見頃です。満開になってしまうと、色もしだいに褪《あ》せてきて、散るのを待つばかりとなります。

お酒も同じです。七分、八分のほろ酔い状態が、自分も楽しくなり、周囲にも迷惑をかけないで、〝美しく〟飲む姿勢を保つデッドライン。そこでとどめておけるかどうかで、愛すべき左党でいられるか否かが決まります。

静岡県三島市にある龍澤寺《りゅうたくじ》で住職をされていた山本玄峰《げんぽう》という老師がおられました。若い頃からたいへんな苦労をされて、失明し、その後修行に入られた方ですが、政財界の錚々《そうそう》たる重鎮たちが、老師に深く師事していたと伝えられています。

終戦時の内閣を率いた鈴木貫太郎《かんたろう》首相もそのひとりで、終戦の詔勅《しょうちょく》にある「堪え難きを堪え、忍び難きを忍び」の文言も、老師の進言によって盛り込まれたといわれます。

その山本老師がお酒についてこんな言葉を残されています。

「酒が悪いのではなく、酒の飲み方が未熟なのだ」

簡潔にして、堂々たる風格、深みを感じさせる箴言《しんげん》です。これをしっかり肝に銘じておけば、お酒とのつきあいも「大安心！」です。

命をいただき、命に恵む禅僧の食事

命をいただくことのありがたさを体でも心でも噛《か》みしめながら食事をすると、その時間がとても輝いてきます。「なんだろう、これ。まあ、いいや、おなかに入ったらなんだって同じ」と食材もわからないまま食べてしまうこともなくなりますし、食事を終えるときには、自然に器に目がいって、ごはん一粒、菜の一片、汁一滴も残っていないことをたしかめるようにもなります。テレビを観《み》ながらの食事、雑誌のページをめくりながらの食事、食べちらかしたり、食べ残したりする食事……とは比べものにならない充実感。その時間が輝いたものになるのはいうまでもないでしょう。

禅僧の食事でもいただいた命を残さないのはもちろんですが、ひとつ、独特な作法があります。「生飯」がそれ。「さば」と読んで、器に盛られたごはんを七粒ほど、指でつまんで浄人《じょうにん》と呼ばれる係の僧に差し出す食事作法です。

係は僧全員からごはん粒を集めて戸外の決められた場所に置きます。それを野鳥などが食べにくる。いただいた命を自分だけではなく、生きとし生けるものの命のために恵む、献上する、というのがこの作法の意味です。

ところが、古参の僧のなかには生飯をするふりだけして、差し出さない人がいるのです。「ごまかす」ことを「さばを読む」といいますが、その語源が古参僧のこのふるまいといわれています。一般には、魚のサバはいたみが早いため、早口で数えることになり、そこで数をごまかした、というのが語源とされていますが、もともとはこの禅の食事作法からきたもののようです。

都会暮らしでは食べものを外にさらしておくのは問題だと思いますが、野鳥が庭にやってくるような郊外住まいの人は、「生飯」を実践するのもいいのではないでしょうか。**自分の命をつないでくれる食事のごくわずかを他の命あるものに捧げ、それをついばむことによって野鳥が命をつないでいく。**そんな連鎖は日々の食事をもっと、もっと意味あるものにしてくれそうです。

「ただ」「ひたすら」に徹してお茶をいれること

　禅と深い関係にあるのが茶の湯。現代につながる侘茶《わびちゃ》の創始者とされる村田珠光《じゆこう》は、あの一休宗純《いっきゆうそうじゆん》禅師のもとで禅の修行をしていますし、侘茶を完成させた千利休《せんのりきゆう》も、熱心に参禅したことが知られています。その利休はお茶についてこういっています。

「茶の湯とは、ただ湯を沸かし、茶を点《た》てて、飲むばかりなるものとこそ知れ」

茶聖と呼ばれた人の言葉としては、「なぁんだ、あたりまえ過ぎる」という印象でしょうか。たしかに、ふつうにお茶をいれるときも、お湯を沸かして、急須にお茶の葉とお湯を入れ、飲むだけ、といえばそのとおりかもしれません。茶聖の〝教え〟は広く普及しているということなのでしょうか。

しかし、「ただ」が気になります。この解釈は一筋縄ではいかないのです。その意味は「ひたすら」ということです。ですから、利休翁のいわんとしたのは、茶の湯というものは、ひたすらお湯を沸かし、ひたすらお茶を点て、ひたすら飲むものなのだ、ということ。ひたすらはそのことだけに一生懸命になる、ということでしょう。

ところで、曹洞宗《そうとうしゅう》の坐禅は「只管打坐《しかんたざ》」といわれることを知っていますか。ただ、ひたすら座る。それが坐禅の究極の姿だというのです。しかし、これがなかなかできない。坐禅をしていてもさまざまな雑念や思いが湧いてきます。それらが心からふっと消えて、心が空っぽになった状態。座っていることさえも意識されない状態が、ただ、ひたすら座るということなのだと思います。

お湯を沸かすことに、急須にお茶の葉とお湯を注ぐことに、お茶を飲むことに、ただ、ひたすらに徹することも、できそうでできないのです。薬罐《やかん》をコンロにかけたまま、ほかのことをしていてシュンシュン煮え立たせたり、お茶の葉を無造作に急須に放り込んだり……。そんな場面が目に浮かびます。

お湯を沸かすことからお茶を飲むことまで、一つひとつを丁寧に一生懸命におこなうことです。ただ、ひたすらの世界に近づく手立てはそこにしかないのです。

器選びにもこまやかな心をつくす

日本の食文化の大きな特徴は、料理だけではなく、器にもこまやかな心をつくす、ということではないでしょうか。料理と器がひとつになって、美しい表現世界をつくっている。目で楽しませるという点では、西洋の料理は日本料理に遠く及びません。

その文化の流れのなかにいるわけですから、器を選ぶ際にもこまやかな心を忘れないでほしいと思うのです。基本になるのは素材感でしょう。磁器系、陶器系、ガラス系など、素材が統一されていると、そろえていくときも選択肢が絞られますし、必要なものもはっきりします。「そうか、小鉢だけが違う感じなんだな。じゃあ、次は陶器の小鉢をそろえよう」という塩梅。

料理との相性ということでいえば、**あたたかい料理には厚手の陶器系の器が、冷たい料理には磁器系、ガラス系の薄手のものが合う**と思います。〝機能〟のうえでも、熱い料理は熱を伝えにくい陶器の器のほうが使い勝手がよいでしょうし、冷たいところをスルッとたぐるそうめんなどは、やはり、ガラスの器であってこそ清涼感が増すというものです。その意味では、**夏は薄手の器、冬は厚手の器、という選び方も、ひとつの基準になりそうですね。**

ひとつメインの器を決めて、少々値が張っても、「がんばってそろえる」のもポイントかもしれません。野球のチームは主力の四番打者が決まると、ラインナップを組み立てやすい、といわれますが、器も同じ。気に入ったメインの器がひとつあると、テイストや色、柄などそれとの調和を考えながら選べますから、全体としての統一感も失われることがありません。

もちろん、値が張るのはひとつだけでいい。廉価品からそのメインを上手にサポートしてくれる器を探し出すのも楽しい作業になりそうです。

料理が器を引き立て、器が料理をより美しく、おいしそうに見せる。日本料理ならではの〝醍醐味《だいごみ》〟、ぜひ、実感してください。

季節感を演出する

旬を取り入れた料理をふるまう。まさにもてなしの心ですが、もう一歩すすめて、器にも〝旬〟を取り入れたらいかがでしょう。器には季節感を漂わせるものがたくさんあります。典型的なものが江戸切り子、薩摩《さつま》切り子などと呼ばれる、細工が施されたいかにも涼しげなガラスの器。切り子のグラスがあれば、冷たいお茶にも、そばやそうめんなどの猪口《ちょこ》にも、胡麻豆腐や枝豆豆腐など冷たい豆腐料理の器にも使えます。

暑いさなかを歩いてきて、室内に入ったとき、切り子のグラスで冷茶をふるまわれたら、お茶で喉を潤さなくても、もう、それだけで、ひと汗引くという気がしませんか？

器の柄にも春夏秋冬を思わせるものがあります。梅や桜の花があしらわれているものなら春、涼しさを感じさせる淡い青を基調とした柄なら夏、紅葉や秋の七草が描かれたものは秋、冬はあたたかみのある暖色系の色使いのもの、ということでしょうか。

季節にふさわしい器に盛られた料理は、それをふるまわれた人に心を伝えずにはいません。「この春のよき日にあなたとご一緒に食事ができてうれしい」「暑いなかをほんとうにようこそいらっしゃいました」「そろそろ涼しくなりますね。秋の味覚をともに楽しみましょう」「外はお寒かったでしょう。ひとときですがあたたまってください」……。そんな心のメッセージが器から届けられます。

器そのものでなくても、季節感は演出できます。たとえば、小さな器のふたの代わりに水を打った葉っぱをのせる。ちょっとした工夫ですが、それで一気に涼味あふれる器に変わると思いませんか？　お皿の端にその季節を代表する花や植物をさりげなく置くのもいい。桜の花びらひとつ、紅葉の葉一枚で、器に季節が盛り込まれます。

春夏秋冬でランチョンマットを使い分けるというのも粋なアイディアです。春は明るい若葉の色、夏は麻や生成りの素材のもの、秋はシックな色合いのもの、冬はフェルトなどあたたかみのある素材のもの、というふうにするだけで、季節を取り入れることができます。さあ、季節を意識して食事をさらに豊かにしてください。

ひとつ「贅沢」な器、箸を取り入れる

みなさんは食事をするときの器や箸にこだわりがありますか？

「器も何も、毎度コンビニ弁当だから、器は必要ないし、箸はついてくる割り箸だから……」

若い世代にはそんな人がいるかもしれませんね。おそらく、お茶などの飲料もペットボトルから直接飲んでいて、飲み物用の器もないのでしょう。しかし、人生のなかで食事をしている時間をトータルすると、けっして短いものではないと思います。その時間が冒頭のようなものだったら、寂しい気がしませんか？　時間を空疎に浪費していると思いませんか？

ごはん茶碗《ちゃわん》でも、湯飲み茶碗でも、お椀《わん》でも、箸でも、なんでもいい、ひとつお気に入りのものを使ったらどうでしょうか。少し奮発して気に入ったたいいものを買う。百円均一の商品にはそれなりの価値も意味もあるとは思いますが、「お気に入り」には、また、違った価値と意味があるのです。

何軒も店をまわり、選び抜いて買った「これだ！」という器は、大切に扱うようになります。食事中もテーブルに音を立てて置いたり、箸で移動したり（寄せ箸）、器の上に箸を置いたり（渡し箸）することもないでしょう。

自然に箸使いのタブーを犯すこともなくなり、食事を丁寧にゆっくりするという習慣がつくのです。〝丁寧にゆっくり〟は料理の素材を感じながら味わうのに、不可欠の条件といえます。つまり、食事を心から楽しめる。このことだけでもおおいに意味深いことではないでしょうか。

食後も流しに放り込んだままにすることはありません。すぐにきれいに洗って所定の場所に置くようになる。大切に扱うから長く使うことができ、使っているあいだに愛着が湧いてきます。

食事の器や箸は頻繁に使うものですから、愛着もひときわ深くなりそうです。そうなったら、もう単なるモノではなくなります。少々、大袈裟《おおげさ》かもしれませんが、**自分が生きてきた歴史にいつも寄り添ってくれている〝分身〟とも感じられるようになるのです。**

そんな〝存在〟が身近にある生活が、豊かなものであることは、あらためていうまでもないでしょう。

もちろん、形あるものですから、壊れることがあるかもしれません。しかし、陶器は金継《きんつ》ぎといって金（銀や銅も使われます）で補修することができますし、漆器なら何度でも塗り直すことができます。

「何もそこまでして……」と思う人がいるかもしれませんが、愛着を持っていると、金継ぎが施された器も、また、違った風情や趣を感じさせるのです。新たな歴史がしるされた気持ちになる、といってもいいでしょう。

そうした器とのつきあいは、人生に彩りを添えてくれます。手にするといくつもの思い出が甦《よみがえ》ってきたりする。空疎に浪費されていくだけの食事の時間とは雲泥の差です。

さあ、次の休日にでも〝分身〟を見つけに出かけませんか？

生活リズムが乱れたときこそ、きちんとした食事をする

日常生活にはさまざまなことが起こります。気持ちが高揚したり、心があたたかくなったりすることもあれば、深く落ち込むこともあるでしょう。落ち込む原因の多くは仕事や人間関係のトラブル。やりきれない思いが続いて、酒を飲む機会や酒量が増えたり、食事をあまりとらなくなったり、夜なかなか寝つけなくて睡眠時間が十分とれなかったり、といったことになるかもしれません。

まさしく生活リズムの乱れです。水は低きに流れるという言葉がありますが、人もいったん怠惰な生活に陥ると、そこから抜け出すのが難しい。深みに、深みにとはま

ってしまうことになりがちです。

なんとか生活リズムを取り戻したい。そんなときこそ食事に注目です。よいリズムで生活しているときには、朝食、昼食、夕食をとる時間がそれぞれほぼ一定になっているはずです。

まず、食事をそのリズムでとるようにするのです。「そうはいっても、なかなかしんどい」。それはわかっています。しかし、「えいやっ！」との思いでそこだけがんばってみてください。

繰り返しになりますが、禅でいちばん大切なことは「実践」です。

「あ〜あ、リズムを取り戻さなくちゃな。どこからやるか？　まずは酒を控えるか、それとも……」

などとあれこれ考えをめぐらせていても一歩も前にはすすめません。四の五のいわずに、踏み出すことです。きつくても、しんどくても、あえていつもどおりに食事をするようにするのです。

いつもの生活リズムで〝朝食だけ〟をとろうとすれば、必然的に「早起き」がついてきます。早起き&いつもの朝食はワンセットのはずですね。そこをクリアすれば、深みに落ち込んでいた心もしだいに回復してきます。**通常の心が安定したよいリズム**

は、体に染みついていますから、朝食をきちんととるという実践によって、心にもそのリズムが甦ってくるのです。

乱れたリズムを整えるために食事が有効なのは一日に三回あるということ。三回の食事は、いわば、リズムを立て直すための「関所」です。乱れに傾きそうになったところで、「いけない。食事だけはちゃんとしよう」となる。関所をくぐり抜けるときは、誰でもシャキッとするもの。そんな関所を三回意識することで、リズム全体が整いやすくなるといっていいでしょう。

「威儀即仏法《いいぎそくぶっぽう》」という禅語があります。威儀というのは立ち居ふるまい、行動、所作のことです。その立ち居ふるまいを整えることが、そのまま仏様の教えにかなうことなのだ、というのがこの禅語の意味です。

仏様の教えにかなうということは、安定した心で生きることです。食事をきちんとすることも、威儀を整えること。それが心の安定につながっていく。そして、安定した心を取り戻していくことで、生活リズムも自然に整っていくのです。

寝る前の二時間は食べものを口にしない

一九八〇年代の後半だったと思います。「カウチポテト」という言葉が流行《はや》りました。アメリカで生まれ日本にも上陸したもので、カウチ（ソファ）に寝そべって、ポテトチップスをかじりながら、テレビを観続けるライフスタイルのことです。

いまではもうこの言葉が使われることはなくなりましたが、夜寝る前まで何かものを食べているという人は、けっこういるのではないでしょうか。

口寂しくてついつまんでしまう、というのがその理由のようですが、消化器官は食べたあと二時間くらいは働いています。睡眠時に消化器官を休ませるには、寝る二時間前になったら食べものを口にしないのが望ましいのです。

そうはいっても、すでにそれが習慣になっている人には、すぐにはやめられないという思いがあるでしょう。ここは少々荒療治が必要かもしれません。「元を断つ」。室内に食べものがあるから手が伸びてしまうわけですから、それまでずっと寝るまぎわまで口にしていたものを置かないようにするのです。

仕事の帰りにコンビニに寄って〝夜食用〟のジャンクフード類を買うのが常だったという人は、コンビニをスキップして帰宅する。まず、無理をしてでも三日間、それを続けてください。三日続けられれば一〇日間は継続できます。

一〇日食べずにいると、かなり慣れてきますから、思いきって一〇〇日をめざす。禅では「制中《せいちゅう》」という、とくに厳しい修行期間が設けられています。いっさい外出が許されず、修行に専念するというものですが、その期間が一〇〇日なのです。

不思議なもので一〇〇日間続けていると、到底、耐えられないと感じられた修行もこなせるようになり、きつい、苦しい、という思いがしだいに消えていきます。それが、習慣化する、身についていく、ということなのだと思います。

一〇〇日間は禅の教えに〝裏打ち〟された、習慣化までの道のりです。腹を据えて、ぜひ、乗りきりましょう！

食欲が出ないとき、どうする？

「どうにも食欲が湧かない」。そんなときが誰にもあるものです。もちろん、体調が思わしくなくて、食べられないという場合には、体調の回復につとめるのが先決。夏バテで食欲がないといったケースがそれですが、おなかにやさしく、喉ごしがよいものなどを食べて、十分な休息をとることです。

一方、体を動かしていないために食欲が湧かないということもあります。解決法は単純明快。適度な運動をすることです。たとえば、いつもバスを使っている最寄り駅から自宅までの区間を歩いてみる、食事時間の前に三〇分程度散歩をする……。体を動かしてエネルギーを消費すれば、空腹感も湧いてくるのではないでしょうか。

大切なのは、食欲がない気がするときでも、食事時間になったら食卓につくということかもしれません。ルネサンス期に活動したフランスの哲学者、モンテーニュが著した『随想録』にこんな言葉があります。

「食べているうちに食欲は起こるものだ」

たしかに、あまり食べたくないときでも、いったん箸をすすめると、案外、食べられてしまうことがあるものです。高名な哲学者のこの〝流儀〟、試してみる価値はありそうです。

問題が生じやすいのは、むしろ、運動量が減ったのに食欲は落ちないというケースではないでしょうか。典型的なのがアスリートですが、アスリートのなかには、現役を引退して運動量は格段に少なくなっても、食べる量は現役時代と変わらない、という人がいます。その結果、別人のような肥満体になってしまう。

ふつうのビジネスパーソンでも、体力を使う外回りの営業職から一日中デスクに向かって仕事をするセクションに変わるといったことがあると思います。そこで食べる量を調整しないと、〝別人アスリート〟になりかねません。**ほどよく動き、ほどよく食べる。**そのことをいつも、頭の片隅に置いておくと、いいかもしれませんね。

間食はストレスを満たすもの？

一般のビジネスの世界ではあまりないようですが、マスコミなど就業時間が不規則な世界では、よくこんな光景が見られます。デスクの上にスナック菓子や甘いものなどの袋が置かれ、仕事をしながらちょいちょいつまんでいる。そう、間食です。

私が教鞭《きょうべん》を執っている大学でも、研究室のテーブルの上にいつもお菓子類がいっぱい置かれています。若い助手や副手の人たちの〝間食用〟なのでしょう。私はあまり間食をしませんが、あれは、空腹に耐えかねて食べるものを口にするというよりは、ある種の習慣になっているということなのではないでしょうか。

禅には「行茶《ぎょうちゃ》」といって、何かの行事のときに禅僧たちが一堂に会してお茶をいただくという儀式があります。その際にはお菓子が添えられますから、見ようによっては禅僧がそろって間食している図といえるかもしれません。

食事の基本は、やはり、三度の食事をしっかり食べるということです。のべつまくなしに間食をしていて、食事の時間になっても、「おなかが空いていないから、お昼は抜いてしまうか」ということでは、あきらかに本末転倒です。

また、ストレスを抱えていて、その解消のために食べるというケースもあるのでしょう。しかし、本来、目を向けるべきはストレスの原因です。それを取り除くことをしないで、**食べることで紛らわせるというのは、一時しのぎにしかなりませんし、それで体重が増えることにでもなったら、今度はそれも新たなストレスになりそうです。**

ここは基本に立ち戻って、食事の大切さをあらためて意識してみてはいかがでしょうか。いままで縷々《るる》お話ししてきた食事についてのさまざまな禅の考え方を、もう一度、思い返してみる。そして、一回、一回の食事と真摯に向き合う。

「ああ、おいしかった。ありがたい」。空腹感とともに心が満たされたら、仕事の合間に食べもののことを考えたり、お菓子に手が伸びたりということも、なくなっていくような気がするのですが、いかがでしょうか。

洗いものはその日のうちに

夜の食事をし終わって、器を流しに片づける。そこで、「洗いものは明日にするか」と思ったことがない人はいないのではないでしょうか。おなかが満たされたら、しばしゆっくりしたいというのが、正直なところでしょう。

『典座教訓《てんぞきょうくん》』には食後の後片づけについての記述もあります。

〈食器・道具類もみな、まごころをこめてきれいにし洗い清める。あちらこちらと、高い所に置いてよいものは高い所に、低い所に置くべきものは低い所に置きなさい。高い所は高い所で平らかに、低い所は低いところで安定させ、菜箸《さいばし》や杓子《しやくし》などの

類のすべての器物も、同様によく片付け、まごころこめて点検し丁寧にとり扱い、そっとおきなさい〉

食後の器も調理器具類も、食事の支度をするときに食材を扱うのと同じ心で、洗うことも、拭き清めることも、置くことも、注意深く丁寧におこないなさい、といっています。ふつう、食事というと〝つくって〟〝食べる〟ことで終了という感覚がありますます。しかし、そうではない。**後片づけをして、食事の支度に取りかかる前の状態に整えるまでが、食事なのです。**

つくって食べることは楽しく、後片づけは億劫《おっくう》、と考えるのは、食事という一連の流れのなかで、ここはいい、ここはいやだ、という選《え》り好みをしていることです。高級食材は丁寧に扱うのに、粗末な食材はぞんざいに扱う、のとまったく同じ心だといっていいでしょう。食べている途中で食べるのをやめるのも、食べ終わって片づけるのをやめる（先延ばしにする）のも、食事の流れを最後までまっとうしない、という点では変わるところはありません。

想像してみてください。すべてが整っている状態から食事の支度を始めるのと、持ち越した前夜の後片づけから支度を始めるのと、どちらが気持ちよく取り組めますか？　どちらが美しい食事風景でしょうか。答えは明白ですね！

心を注いで台所をきれいに保つ

台所を見ると、そこを使っている人の料理の〝腕前〟がわかります。ここで腕前というのは、料理学校に通うなどして磨いた調理技術のことではありません。どれほど料理をつくることに心を砕いているか、どこまで真心をもって料理に向き合っているか、というその心のありようのことです。

包丁使いや味つけがいくらうまくたって、そのテクニックばかりが先にたって、心が置き去りにされていたら、腕前はたいしたことがない。台所にある調理器具がいつもきれいにされ、食器もあるべきところにきちんと整頓され、流しや調理台も清潔さを保っている。そうできる人こそ、すばらしい腕前の持ち主だ、と私は思っています。料理をつくることだけではなく、付随するすべてに心が配られているからです。

「脚下照顧《きゃっかしょうこ》」という禅語があります。その意味は、足元を見つめなさい、脱いだ履き物をそろえなさい、ということです。**履き物を自然にそろえることができるのは、そこにまっすぐな心があるから**です。脱ぎっぱなしで部屋にあがる人は、心ここにあらずの状態になっている。**台所についても、いや、あらゆることについて同じことがいえます。**履き物をそろえるのも、台所をきれいに整えるのも、部屋を片づけるのも、単にふるまいや行動の問題ではないのです。そろえる心、整える心、片づける心……があってはじめて、自然なふるまいや行動になるのです。「ああ、面倒だな」といやいややっていたのでは、必ず、ふるまい、行動はぞんざいなものになります。

どこかよそのお宅を訪問して、玄関を入った瞬間に、「気持ちがいいなあ」と感じたことはありませんか？　隅々まで掃き清められた玄関、スッキリそろえられた履き物、空気を入れ換えたことがわかる清々《すがすが》しい雰囲気……。それらを整えて迎えてくれる「心」が気持ちのよさを感じさせるのです。もちろん、見なくたって、台所がよく整頓され、清潔感あふれるものであることはまちがいなし、です。さあ、心を注いで台所をきれいにすることから始めましょう。

ゴミの捨て方にも、心があらわれる

家庭から出るゴミでいちばんやっかいなもの。それはやはり食材の〝クズ〟、料理の〝残り〟が中心となる生ゴミでしょう。うっかり出し忘れでもすれば、キッチンに異様なにおいが立ちこめることにもなる。

しかし、みなさんは首をかしげていませんか？「食材のクズって、そんなもの出るの？」「料理の残り？　だって、料理を食べ残すことなんてしないし……」。食材は使い切ること、つくった料理は食べ切ること。すでにみなさんはそのことを知っています。いえ、知っているだけではなく、実践していますよね、きっと……。そうだとすれば、出るゴミの量は以前とは比較にならないほど少なくなっているはずです。あとは収集日に〝小さな〟ゴミ袋をぶら下げていって、ポンと所定の場所に置くだけです。

しかし、なかには毎回、大量の生ゴミを出す人もいます。食材を使い切っていないどころか、必要以上に買い込んだために、使う前に腐らせてしまったり、いくつもまとめて買ったお弁当を、食べないままにゴミにしてしまったり……。それでもまだ、ルールを守ってゴミを正しく捨てているならいいのですが、出し忘れたゴミを、収集日以外の日にひそかに放置したりする人さえいるのが、現状ではないでしょうか。

ゴミの出し方、捨て方には心があらわれるということを知っておかなければいけません。曹洞宗大本山永平寺《えいへいじ》の貫首《かんしゅ》をしておられた宮崎奕保《えきほ》老師はこんなことをおっしゃっています。

「ものを置いても、ちぐはぐに置くのと、まっすぐに置くのと、すべて心があらわれておるんだから、心がまっすぐであったら、すべてのものを、まっすぐにする必要がある」

ゴミを捨てるのでも、すべて心があらわれておるんだから、心がまっすぐであったら、すべてのゴミを、ルールを守って捨てる必要がある……。老師の言葉はそんなふうにも聞こえます。もちろん、みなさんには、「釈迦《しゃか》に説法」だと思いますが！

第四章

贅沢な粗食のすすめ

——自宅で精進料理　朝・昼・夕

監修　小金山《こがねやま》泰玄《たいげん》典座《てんぞ》和尚《おしょう》

静岡・可睡斎《かすいさい》にて典座を務める。また、静岡・観音寺《かんのんじ》の住職でもあり、寺内の水月庵にて精進料理教室を開いている。おいしくてわかりやすい精進料理に定評がある。

秋葉総本殿可睡斎
静岡県袋井市久能２９１５−１
☎０５３８−４２−２１２１

決まり事

- 本文で示している1カップは200㎖、大さじ1は15㎖、小さじは5㎖。すり切りで量ってください
- 材料の大きさは特に記している場合を除き、中程度のものを使ってください
- 分量は基本的に２人分ですが、料理によってはつくりやすい分量に変えています

朝

まず一杯の白粥を

白粥《しろがゆ》

清々《すがすが》しい「きょう」は、炊きたての白粥から始めましょう。まずはそのままいただき、その後、ごま塩などをかけて味に変化を

つくり方（2人分）

1 米1／2合をとぐ
2 炊飯器に1を入れ、水1と1／2カップを加えて炊く（米1：水3～4の割合がベスト）
3 器に盛り、市販のたくあん、梅干し、黒すりごまと塩を1：1で混ぜ合わせたもの、酢大豆を添える

酢大豆

可睡斎でも人気の酢大豆は、高血圧と肥満の予防に効果があるといわれるヘルシー食品。一晩おくと大豆は2～2・5倍にふっくらと膨らみます

つくり方

1 フライパンに大豆100gを入れ、10～15分真ん中がはぜてくるまで炒る
2 1を熱いうちに適当な大きさの保存瓶に入れ、りんご酢1カップを加える
3 冷蔵庫で一晩おくと食べ頃に。要冷蔵で1カ月程度保存できる

朝

体がめざめる変わり粥

小豆粥《あずきがゆ》

1月15日の小正月に食べると、悪鬼や疫病を祓《はら》えるといわれる小豆粥。毎日の食事に取り入れても◎。小豆は米の2～3割の分量がベストです

●つくり方（2人分）

1 米1／2合をとぐ。とぎ汁1／2カップ分は捨てずにとっておく

2 小豆20gを鍋に入れ、多めの水を加えてゆでる。小豆が膨らんできたら、水を捨ててアクをきる。水を加えてさらに約20分ゆで、ゆで汁1カップを残してザルに上げる

3 炊飯器にといだ米と、1のとぎ汁、冷ました2のゆで汁1カップを加えて炊く。そのままでもおいしいが、好みで塩をかけたり、漬け物とともにいただく

五味粥《ごみじゅく》

お釈迦《しゃか》様が悟りを開かれた日とされる12月8日に、禅寺で食されるのがこの五味粥。ミネラル豊富で身体がホッと休まります

つくり方（2人分）

1 米1／2合をとぐ

2 炊飯器に1、麦・粟《あわ》・黒米各大さじ2／3、ゆでた小豆大さじ山盛り1、水1と1／2カップを入れて炊く

そのままでもおいしいが、好みで塩をかけたり、漬け物とともにいただく

Point

雑穀は市販の五穀ミックスや五穀米の素などで代用可

しみじみ噛《か》みしめる
素朴な昼《ひる》餉《げ》

昼

明日への英気を養う健康御膳

夕

蕪《かぶ》の茶碗《ちゃわん》蒸し

道明寺粉《どうみょうじこ》は蕪の1／3の量を目安に。なければ入れなくても大丈夫ですが、入れることでやわらかさが出ます

● **つくり方（2人分）**

1 蕪1個は薄く皮をむき、おろし器ですりおろす。塩少量を入れ、よく混ぜてザルに上げ、水切りする
2 道明寺粉10gは湯で戻す
3 1に2、片栗粉《かたくりこ》大さじ1を加え、よく混ぜ合わせる
4 銀あんをつくる。鍋に昆布だし1／2カップ、塩小さじ2、砂糖小さじ1、しょうゆ少量を入れて煮立たせ、水溶き片栗粉（片栗粉大1を水大1で溶いたもの）でとろみをつける
5 ゆり根1個は1枚ずつはがして洗い、茶色くなった部分は包丁で薄くそぎ切る
6 5、ぎんなん（缶詰）4個、生麩《なまふ》2切れ（約15g）の半量ずつを3の半量でそれぞれ包み、深めの器に入れ、しいたけ1個ずつと4を半量ずつかける
7 蒸し器のフタをして中火で約15分蒸し、青のり適量をかける

けんちん汁

残菜でつくるのが正式といわれるけんちん汁。冷蔵庫のなかのあり合わせの野菜を使って、野菜をたっぷりいただきましょう

● **つくり方（4人分）**

1 ごぼう1／2本はささがきにして水にさらし、豆腐1丁は1cm角に、にんじん1／3本分（約50g）は4cm長さの短冊に、大根5cm分（約100g）は短冊に、里いも2個は1cm幅の短冊に切る
2 こんにゃく1枚は4cm長さの短冊に切り、さっとゆがく
3 豆腐以外の具材を鍋に入れ、昆布だし5カップを注いでアクをとりながら煮る
4 野菜に火が通ったら、塩大さじ2／3、しょうゆ小さじ2を入れ、豆腐も加えて煮る
5 器に盛り、さっとゆがいた三つ葉適量を添える

野菜の煮物

とくに野菜は少ない水分で煮るので、焦げない

よう火加減には細心の注意を。根菜類は採れたてより、1カ月ほど寝かしたほうがおいしくなります

●**つくり方（4人分）**

1 高野豆腐《こうやどうふ》1個は熱湯に入れ、4倍くらいに膨らんだら水にさらし、軽く絞って4等分に切る。鍋に入れ、高野豆腐が1／3浸《つ》かる程度の昆布だしをはり、砂糖大さじ2／3、塩小さじ1、酒少量を加え、フタをして約15分煮る

2 かぼちゃ1／6個分（約200g）は8等分に切り、皮目のみ面取りする。鍋に皮目を下にして入れ、水大さじ3、砂糖・塩各小さじ1、酒少量を入れ、フタをして15～20分煮る

3 こんにゃく1枚は8等分に切り、さっとゆがく。鍋に入れ、酒大さじ1、砂糖・しょうゆ各小さじ1を加え、フタをして弱火で約15分蒸し煮にする

4 にんじん1／3本分（約50g）は8等分に切り、縦に切れ目を入れる。鍋に入れ、昆布だしをひたひたにはり、砂糖大さじ1、塩小さじ1、酒少量を加えて約15分煮る

5 絹さや12枚は塩ゆでする

6 1は1個、2～4は2切れずつ、5は3枚ずつ器に色よく盛る

しょうがごはん

代謝を促進し身体をあたためるしょうがをたっぷりと。さわやかな風味とあっさりした味付けで毎日でも食べたくなります

●**つくり方（2人分）**

1 米1合はといでザルに上げ、約30分おいてから炊飯器に入れる

2 しょうが70gは千切りにする。熱湯にくぐらせて油抜きした薄揚げ1／2枚は縦半分に切ってから細切りにする

3 鍋に昆布だし5カップ、砂糖大さじ1、塩小さじ1／2、しょうゆ小さじ1を煮立たせ、2を加えて15～20分煮る

4 3の具材をザルに上げ、汁と分ける。汁が冷めたら、1の目盛りまで加え（足りなければ水を足す）、普通に炊く

5 ご飯が炊けたら4の具材を入れて10分ほど蒸らす。

6 よく混ぜ合わせて器に盛る

夕

精進鍋

分量を多くすれば大人数でいただけます。おなかにたまるちくわぶは、きりたんぽで代用するのもおすすめです

つくり方（1人分）

1 白菜1／8個分（200g）は8cm長さの細切りに、えのき1／3個分はほぐし、乾燥ゆば適量は一口大に切り、ちくわぶ1本は斜め切りに、麩2個は水で戻し、しいたけ1個は飾り包丁を入れる

2 土鍋に1を色よく盛り、昆布だしをひたひたにはって煮る

3 野菜に火が通ったら、好みで市販のポン酢とごまだれを同量で割ったつけだれでいただく

夜に食べたい精進鍋

小金山和尚に学ぶ
精進料理心得

一 昆布だし

精進料理では、基本的に昆布だしか干ししいたけの戻し汁でだし汁をつくります。

小金山さんが主に使うのは昆布だし。「昆布の産地にこだわりはありません。いつも手元にあるものでだしをつくります。鍋に水と昆布を入れ、沸騰する直前に取り出す。特別なことはしません」

二 塩と水

精進料理はシンプルゆえに素材にはこだわりたいところ。

「水と塩だけはおいしいものを使ってほしいです。お寺では井戸の水を使いますが、みなさんは国内の軟水のミネラルウォーターを使われるといいですよ。また、塩もできるかぎり天然のもので、お好みの味のものを」

三 野菜の皮

野菜クズが出れば、その分生ゴミも増えるもの。精進料理では野菜の隅々までいただきます。「大根やにんじんは皮を厚めにむいてきんぴらにします。ぬか漬けにしても大変おいしくいただけます。どうしても皮を捨てなければならないときはできるかぎり薄くむきます」

巻末対談

枡野俊明
Shunmyo Masuno

小金山泰玄
Taigen Koganeyama

〝野菜心〟が読めるようになるまで

塩をうまく使えたら一人前

枡野　料理の実践は門外漢ですが、本山（曹洞宗《そうとうしゅう》大本山總持寺《そうじじ》＝横浜市鶴見区）で老師のおつくりになられたものをいただいたことがあります。いちばん興味があるのは、精進ですから煮干しも鰹節《かつおぶし》も使わないわけですが、それであの味をどのようにして出されているか、ということですね。

小金山　それを聞かれるといちばん困ります（笑）。心がけているのは、一つひとつの野菜の味を壊さないように味つけをする、ということでしょうか。だしは昆布ですが、それに頼り過ぎるとだめですね。味つけは必要最小限の砂糖とほとんど塩。「塩梅《あんばい》」という言葉がありますが、塩加減でその料理のうまさはすべて変わってきます。先人からも「塩をうまく使えたら一人前」と聞かされてきました。

あとは、どんな食材もやさしく扱うということ。食材に「大事」も「粗末」もありませんから。

枡野　道元禅師《どうげんぜんじ》もそうおっしゃっていますね。すると、煮物などは食材に合わせて、別々に炊かれる？

小金山 はい、いちばん大事なことです。食材の一つひとつをおいしく召し上がっていただくために、それぞれに合った炊き方をさせていただきます。もちろん、塩加減も一つひとつ違います。

枡野 老師が指導されてきた雲水《うんすい》（修業僧）にも、料理が好きな者もいれば、そうでない者もいる、と思うんです。苦手と感じている雲水に対してはどう接するのですか？ 一心に料理に取り組ませるきっかけづくりといいますか……。

小金山 やっぱり、包丁ですね。料理は切ることから始まりますから。最初はみんな下手です。食材より自分の手を切る（笑）。しかし、数カ月たつとだんだん慣れてきますし、何より後輩の雲水が入ってくると、急に包丁さばきが変わります。「修行は自分のほうが積んでいる！」という心理でしょうね。

私は大根やニンジンの皮むきでも、ピーラーは使わせません。手間でも包丁でやりなさい、というんです。包丁が使えるようになると、自信もつくからでしょう、料理のおもしろさがわかって、必然的にうまくなってきますね。

枡野 ああ、やはり、そうですか。いま、ふっと思い出したのですが、以前、宮大工さんの小川三夫《みつお》さんとお話しをさせていただいたときに、「大工は鉋《かんな》だ」と

いう話をうかがったんですよ。鉋の研ぎを三年間、毎晩やるんだそうです。研いで、研いで、研いで……を繰り返していると、かざすと向こうが透けるような薄い鉋屑《くず》ができるらしい。そこから仕事がおもしろくなってくる、とおっしゃっていましたね。

小金山　なんでも「石の上にも三年」ですね。三年やってはじめて「辛抱」になるということでしょうか。一年、二年じゃ辛抱とはいえない。

石心、木心、そして野菜心を読む

枡野　老師は料理教室も開いておられますね。

小金山　はい。ただ、レシピはなしでつくります。まず、私がつくったものを召し上がっていただいて、その味を体で覚えていただく。それが基本ですが、あと

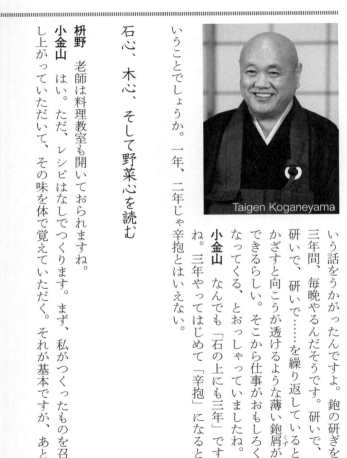

は自分の味に合わせてください、もっとおいしくなるような努力をしてください、私の味はあくまで参考ですよ、といっています。野菜も季節によって味も香りも違いますから、その季節の食材に合った味つけをするのがいい。〝レシピどおり〟ではほんとうのおいしさは引き出せないんです。

枡野　野菜は鮮度によってもずいぶん違いますね。

小金山　そのとおりですが、みなさん、野菜はなんでも新鮮なほうがおいしい、と思っていらっしゃる。私はそうは思わないんです。カボチャなんかは採り立てがうまいかといえば、絶対にだめです。一カ月くらい置いて熟成させてこそ、やわらかくなっておいしさが出てきます。

にんじんも新鮮なものはサラダでいただくとおいしいですが、煮物にするとみずみずしさが、逆に水っぽさになって、味気なくなってしまいます。少し保存して水気が抜け、シュッとしまったにんじんのほうが煮物では旨味《うまみ》が出ますね。

枡野　煮物などの場合、あたたかいうちに

いただく味と、冷めたときの味と違う気がいたします。冷めたときのほうが味がちょっと強くなるといいますか……。

小金山　どうしても、冷めたときのほうが味が濃くなります。

枡野　すると、味つけにも工夫が必要ですね。

小金山　はい。煮物は冷めたときにちょうどよい、おいしい味になるように、味は薄めにつけます。

枡野　なるほど。鮮度によって使い方があるし、その料理をどんな状態で召し上がっていただくか、それによっても味つけのしかたが変わるわけですね。私も庭のデザインをするときに、石でも木でも見て、「この石はこういう使い方をすると生きるけれど、こんな使い方をするとよさがなくなってしまう」という感じを持ちます。石心、木心を読むという言い方をしますが、料理でも同じなんですね。

小金山　そう、そう、そう。私も長年やっていますから、野菜をパッと見たときに、「ああ、これは煮物には早いな」といったことがだんだんわかるようになってきました。何十年も野菜とにらめっこしてきて、〝野菜心〟が読めるようになったということかもしれませんね。

枡野　木なんかですと、癖があるもののほうがおもしろい。この癖をどうやって生かしてあげるか、「よ〜し！」なんて楽しくなってきます。

小金山　私も地方にうかがうときなどは、「どんな食材を用意すればいいでしょうか？」と聞かれると困るんです。地元にあるものを適当にそろえておいてくれるのがいちばん。現場に行って、食材を見て、料理を考える。それが楽しいですね。極端な話ですが、大根一本しかなくて、「これで五種類くらいの料理をつくってください」といわれると、がぜん、うれしくなってきます。

枡野　どんな料理をつくるかは食材に聞け、ということですね。

小金山　おっしゃるとおり！

枡野　日本料理では器も非常に大切だと思います。料理と器が調和といいますか、一体になって、ごちそうになる。

小金山　私はいつも、器の空間を楽しませてあげなさい、という言い方をしています。たとえば、無地の器に和《あ》え物を盛るときでも、無造作に盛るのではなくて、こんもりと自然に盛り高にしてあげる。器という空間のなかにどう料理を置くかで、見る楽しみが生まれてきます。「ああ、きれいだな」と感じたら、いっそう気持ちよく召し上がることができると思うんです。

枡野　器と料理がおたがいに引き立て合う。呼応し合っているから、全体がなおさらいい「景色」になるということですね。

「おいしかったですか?」ではなく、「お口に合いましたか?」と聞く

小金山　精進では何がお好きですか?

枡野　いちばん好きなのは胡麻豆腐《ごまどうふ》です。本山などでいただくものと売っているものではぜんぜん違いますね。粘りがあって弾力があって、とろっとした甘さがあって……。市販のものはぽそぽそっとしていてコクが感じられませんし、いかにも味気ない。いったいどこが、何が違うのでしょうか?

小金山　もう、別物ですね。胡麻豆腐は火にかけたらそこから離れられません。混ぜ方ひとつにしても、固まってきたらさらに練る。すると、今度はやわらかくなってきます。それをまた練っていると、ほんとうの粘りが出るんです。そこまでやってあの独特の舌ざわりと旨味が出てきます。「固まってきたらＯＫ」みたいになっている料理本がありますが、あれは胡麻豆腐ではありません(笑)。

枡野　上にかける「あん」もいろいろありますね。

小金山　味噌《みそ》を使うのは曹洞宗《そうとうしゅう》だけなんです。臨済宗《りんざいしゅう》はしょうゆだれですね。しょうゆのあんとかだしで薄めただしじょうゆとか。京都あたりの料理屋さんもほとんどがしょうゆを使っています。

枡野　そうですか。私がいた頃は總持寺《そうじじ》もしょうゆ系のたれにわさびがのっているものでした。永平寺《えいへいじ》はたしかに黒味噌ですね。

小金山　大切なのは豆腐との相性です。私も胡麻豆腐は味噌を使いますが、胡麻以外の食材でつくるときはアレンジします。暑い季節ですと、枝豆やうぐいす豆を使って枝豆豆腐、うぐいす豆腐にしますが、こちらはしょうゆのあんだれ、銀あんですね。それにショウガをちょっとのせたりします。

枡野　夏にショウガは爽やかですね。やはり、基本のつくり方があって、それをどうやってふくらませていくか。これは、もう、典座《てんぞ》さん（料理人）のセンスですね。

小金山　まあ、つくっている側はそれが楽しいわけです。どういうふうにみなさんに召し上がっていただこうか、喜んでいただこうか、ということだけじゃないですか、料理人が考えているのは。

枡野　以前、あるソムリエの方とお話しをさせていただいたときにうかがったんですが、その日の体調によって舌の感覚が微妙に違う、というんですね。典座さんも料理の味見をされたときに、「ちょっと、きょうは違うぞ」ということはあるのですか？

小金山　じつは、私はほとんど味を見ないんです。勘でつくってしまうことのほうが多いですね。味見をまったくしないこともあります……お恥ずかしい話ですが、二日酔いのときね（笑）。

枡野　ああ、二日酔い。はい、はい（笑）。

小金山　召し上がっていただいた方には「おいしかったですか？」という聞き方はしません。「お口に合いましたか？」です。「おいしかったか？」では自分の驕《おご》りになるような気がしますし、味覚は人それぞれで違いますから、召し上がった方が全員「うまい！」と感じる料理などはないと思っています。まあ、みなさん、一応は「おいしかった」といってくださるので、そこは素直に〝真に受ける〟ことにして、「ありがとうございます」と手を合わせてその言葉を受けとっていますが……（笑）。

枡野　私の場合は、庭をデザインするときに、その場に来られて庭をご覧になる方が、どういう気持ちになっていただけるか、ということをいつも考えながら作業をしています。「なんだかわからないけれど、ここに座っていると心地よいから、ずっと座っていたいな」といわれたら、いちばんうれしいですね。

小金山　料理もまったく同じじゃないでしょうか。料理を召し上がりながらここで過ごした時間が心地よい、と感じていただけたらそれ以上のことはないですね。それがお顔にあらわれる。その満足されたお顔が見たくて、こちらとしては一生懸命に料理に向かい、悪戦苦闘しているわけです。

枡野　そうです、そうです。料理も庭も、心地よさを届けたい、という思いがそれに打ち込ませてくれる〝原動力〟ということかもしれませんね。

おわりに

この企画をお引き受けしたことは、私にとってひとつの「挑戦」でもありました。食事というテーマに絞って、禅の教えや実践を展開していく。もちろん、禅と食が深くかかわっていることは、承知しています。しかし、それでも、食事だけではたして一冊の単行本になるだろうか？ 正直、そんな思いがあったのです。

ところが、執筆に取りかかってすぐに、懐疑の思いははっきり「取り越し苦労」であることがわかりました。食事をつくること、食べることは、そのまま生きることなのです。赤線を引きながら何度も読み返した、道元禅師《どうげんぜんじ》の『典座教訓《てんぞきょうくん》』『赴粥飯法《ふしゅくはんぼう》』を再び繙《ひもと》いてみて、そこに説かれているのが、「食」を超えた「生きる」ための禅の教えであり、実践であることを、あらためて得心したのです。

ここまで本書を読みすすめてくださったみなさんのなかでは、すでに食事に対する〝意識革命〟が起きていることを、私は少しも疑っていません。たかが食事、空腹を満たしさえすればいい、という「食事観」はすっかり払拭されていませんか？

食べることは生きること。日々、食事をいただくことは、人生の一歩一歩のあゆみ。そんな実感が沸々《ふつふつ》と湧いていないでしょうか。

あとはその実感を大切にして、一回一回の食事を、心をこめて丁寧にしてください。それはそのまま一瞬一瞬の人生を、心をこめて丁寧に生きることです。まさに、禅的な生き方がそこにあります。

本書をとおして、少しでも多くのみなさんが、食を整えよう、生きることを整えよう、という思いになってくださったら、筆者としてこれ以上の喜びはありません。

合　掌

二〇一三年八月吉日　　枡野俊明　建功寺にて

文庫版おわりに

二〇一三年夏に『禅と食』を単行本として出版させていただいてから三年が経ち、わたしにもさまざまな変化がありましたが、そのなかでもっとも大きなものは、やはり、約二五〇年にわたって風雪に耐えてきた本堂の再建です。平成三〇年春の完成に向け、現在、基礎工事が終わり、礎石を据えている段階。一方で、宮大工さんは木材の刻みをほぼ終え、彫刻部分の彫りに取りかかっています。八月上旬からはいよいよ現場での建て上げ作業が始まりますが、わたしにとって生涯最大のこの事業を見守っていくことが、住職としてのつとめであり、目下のいちばんの関心事ということになります。

この三年間、読者のみなさんからたくさんのご感想をいただきました。

「食事は（食材の）命をいただくことなのだ、とあらためて気づかされました」

「つくってくれた人への感謝の言葉としか思っていなかった『いただきます』が、差し出してくれた命への感謝でもあることを知り、食事に対する考え方、向き合い方が変わってきたように感じます」

「食事というごく日常的な行為が、じつは深く、重いものであることがわかり、目を開かれた思いがしています」……といった内容がその代表的なものでした。

思いが伝わった、ありがたいことだなぁ。素直にそう感じました。自分自身が〝気づく〟ことが大切。それが禅の根本にある考え方です。人は気づくことで変わります。食事でいえば、命をいただくことの尊さ、ありがたさに気づくことで、食事に対する姿勢、味わい方、箸の上げ下ろしなど、一つひとつのふるまいが変わってきます。大事に、ていねいに、一回、一回の食事と向き合うようになるのです。それはいただいた自分の命を大事に、ていねいに、生きることに繋がっています。

今回、小学館の酒井綾子さんから文庫化のお話があり、わたしの思いをお伝えできる新たな機会をいただいた、と感謝の思いでいっぱいです。本書が一人でも多くの方の気づきの一助になれば、筆者としてこれ以上の喜びはありません。

さらに、風吹ジュンさんにご厚意で解説を書いていただきました。心より感謝いたします。

合　掌

二〇一六年七月吉日　　枡野俊明　建功寺にて

解説――枡野俊明さんとの出会いと気づき

風吹ジュン

今回、文庫版の解説をという枡野俊明さんのご指名に当初は尻込みしました。しかし、枡野さん自らのご指名とあらば、きっと鬼ごっこの鬼の番が回って来た感じでしょうか。文字アレルギーの私を選ぶとはなんというチャレンジャーなのでしょう。

枡野俊明さんの説かれる「禅と食」を伝えるこの白い本に導かれ、生まれて初めての大役ではありますが、素直に恥をかくかぁ？　よし恥を書こうと、僭越《せんえつ》ながら解説役をお引き受けしました次第です。

著者の枡野俊明さんとの出会いは、私が司会を務めるテレビ番組『団塊スタイル』（NHK Eテレ）にて、視聴者の悩みにお答え頂く専門家として「今こそ実践！　禅の生活」の回にいらっしゃったときでした。禅のこころを分かりやすく解いて頂きながら禅を学ぶそんなテーマでした。

禅とは、文字や言葉ではなく実体験をもって悟りを開こうとする仏教の教えだそうです。禅といわれても漠然としたイメージしかなかったのですが、実体験とは、やはり修行という事なのでしょうか。故スティーブ・ジョブズ氏も学生時代から禅を学んでいたそうですから、人類に共通する学びの世界があるのだと思います。

枡野さんは、清潔感のある白い半襟《はんえり》に、落ち着いたお色の着物、皺《しわ》一つ見当たらない黒いお衣に絡子《らくす》姿で現れ、その穏やかな表情からも俗世間とは違う空気感が漂い、スタジオ内の煩悩が清められたような、そんな第一印象がありました。

初対面にも拘《かかわ》らず親近感をもてたのは、枡野さんのお人柄もありますが、的確なアドバイスと話し運びがお上手だったからと思います。現場はとても盛り上がったことをよく覚えています。

そんな方とお会いすると人間誰でも得をした気持ちになりますよね。

私は悩みも煩悩も抱える凡人として、枡野さんが開かれている曹洞宗《そうとうしゅう》徳雄山建功寺の坐禅《ざぜん》の会に伺いたいと思いながら、もう何年でしょう、実は未だに伺えておりません。私の場合、時の流れと共に煩悩も悩みも移り変わり、終《しま》いに流れてしまうようです（汗）。

その後二度程『団塊スタイル』のゲストでいらっしゃいましたが、団塊世代のお悩みにスラスラとひと筆で答えを説かれる、その内容の有り難さと深さに「おーぅ！」と感心するばかり。

さて、この本の装丁は白地に『禅と食』とあり、五味粥《ごみじゅく》が私を見てよと言わんばかりにこちらに向けられていて、帯には「禅的シンプル食生活」と書かれていました。えっ、それって何よ？　早くも私の好奇心が騒ぎます。

坐禅に行けていない私にとって禅は敷居が高過ぎるものの、一方で食は私の大好きなテーマ。

読みながら、私にある記憶が蘇《よみがえ》って来ました。二〇〇一年NHK連続テレビ小説『ほんまもん』のことが……。

主人公の木葉《このは》（池脇千鶴さん）は天才的味覚の持ち主で、後に大阪へ出て精進料理の料理人を目指します。そこから「ほんまもん」の味を追いかけ、勉強と修行をしていく物語でした。

『ほんまもん』の舞台となったのは、和歌山県。日本最大の半島・紀伊半島の西側に位置し、県東部には大規模な山地があります。

和歌山が粗食の地と称されるのは、(そもそも日本が誇る粗食の地と言っては和歌山に申し訳ないのですが、私の母方の先祖も和歌山の熊野であるらしいので、どうぞお許しを願いたいと思います) その地の名物が〝梅干し〟と〝めはり寿司《ずし》〟であること。〝めはり寿司〟はおかゆに次いでの粗食だと私は思うのです。ちなみに、〝めはり寿司〟は高菜の浅漬けで包まれた白飯のおにぎりのこと。ガブリッと食べる様子が「目を張る」様だという事からそう呼ばれるようになったそうです。

そんなシンプルな物が名物だというのですから、でもその粗食だから故に天才的味覚を持つ子が育ったというのがドラマの設定。素朴だからこそ究められるということでしょうか。

浪花《なにわ》の商人が築いた、洗練された食文化の世界に入れば、そのギャップは歴然ですよね。

主人公はカルチャーショックを受けながら、次第に心も養われ成長していきます。粗食で育った主人公の味覚は細胞の核のようなもの、その核の成長力たるやすさまじいものがあります。

食の有り難さという基本を知ることから、様々な感動ストーリーがあり……人と出会うことで味覚が目覚め、拡がり、やがて覚醒し、成功へと話は繫《つな》がっていくのです。

これは職人さんの世界での修行の話ですが、もしかして禅にも通じる話かもしれません。

その『ほんまもん』で料理の監修をされていた棚橋俊夫さん（精進料理人）のお話も思い出されます。

ドラマでの出会いをきっかけに当時原宿（今の表参道ヒルズの裏手あたり）で営んでいらっしゃった精進料理の店〝月心居《げっしんきょ》（現在は閉店）〟へ何度かお邪魔させて頂きました。隠れ家的な佇《たたず》まいで当然注目のお店でしたが、出てくる精進料理は美味しくて身体に優しいだけではなく、毎度心が洗われる感じがするのは何故だろうと思っていました。

棚橋さんが修行をされたのは滋賀県の月心寺、『ほんまもん』の青風寺のモデルになったお寺です。

胡麻《ごま》豆腐を得意とされる「精進料理の明道尼」こと村瀬明道尼《みょうどうに》庵主《あんじゅ》に弟子入りを断られるも通い続け入門します。劇中にもこのような話がありました。

そして主人公の木葉を諭す庵主（野際陽子さん）がちょくちょく登場されますが、

そのモデルは月心寺の村瀬明道尼庵主です。

村瀬明道尼庵主は、三九歳の時に交通事故に遭い、右手右足の自由を失い、精進料理をつくる事を修行とされ、中でも胡麻豆腐が天下一の評判となるのです。身に降りかかった不幸を悔やむのでは無く、不自由な身を押して三心、つまり、
①喜心《きしん》、食材の恵みに感謝しつくる喜び
②老心《ろうしん》、親が子を思うように相手を思い無償の愛情を持ってもてなす喜び
③大心《だいしん》、どんな方にも偏見や固定概念を捨て、召し上がる人の事を思うこと。親切丁寧な心掛けと作法に徹すること、
を大切にされていたから「身体に優しいだけではなく毎度心が洗われる感じ」がしたのかと、枡野さんの著書から今頃になってやっと私の心が、もう一人の禅と食に生きた人に辿《たど》り着いた訳です。

言い訳をすれば、知識としての〝月心寺〟や庵主さまを存じ上げてはいたのですが、これから仕切り直しですね。一五年も前の食の記憶ですが、その奥深くに確かな禅の教えが込められていたのです。

人には人の読み方があって、私の脳はどうも脱線タイプ（大汗）。こんな風に色々思いを馳《は》せながらでしたが、なんて親切な本なんでしょう、早くこの本を私の子供達

にも読んでもらいたいと思っております。

親切で丁寧な言葉でその意味や心がちゃんと伝わってくる、漫然と日々を過ごし生きているのは勿体《もったい》ないのでは？　食を通して禅を意識する事で美しく生きることができるのですよ、己を己自身で躾《しつ》ける事がまだまだ可能なのですよ……と、私にもじわじわと『禅と食』が腑《ふ》に落ちてきました。

この書に解説は不要かもしれません。読んで終わりなのではなく、禅は実践してみるもの。一つひとつ、枡野さんの教え「簡素で清々しいだから美しい」そんな生き方を試してみようと考えております。

……ご馳走《ちそう》様でした。

（ふぶき・じゅん／女優）

枡野俊明 ますの・しゅんみょう

1953年神奈川県生まれ。曹洞宗徳雄山建功寺住職、庭園デザイナー、多摩美術大学環境デザイン学科教授。玉川大学農学部卒業後、大本山總持寺で修行。禅の庭の創作活動により、国内外から高い評価を得る。芸術選奨文部大臣新人賞を庭園デザイナーとして初受賞。ドイツ連邦共和国功労勲章功労十字小綬章を受章。2006年『ニューズウィーク』日本版にて、「世界が尊敬する日本人100人」に選ばれる。庭園デザイナーとしての主な作品に、カナダ大使館、セルリアンタワー東急ホテル日本庭園など。主な著書に、『禅が教えてくれる 美しい人をつくる「所作」の基本』(幻冬舎)、『怒らない禅の作法』(河出書房新社)、『劣等感という妄想』『眺める禅』『悪縁バッサリ！いい縁をつかむ極意』(すべて小学館)など。

構成　吉村 貴
装丁　bookwall
写真　宮地 工（カバー、p161〜176）
校正　出版クォリティセンター
編集　酒井 綾子

参考文献／『典座教訓・赴粥飯法』道元　全訳注／中村璋八、石川力山、中村信幸（講談社）

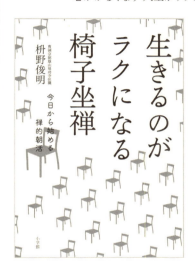

―――本書のプロフィール―――

本書は、二〇一三年九月に小学館より単行本として刊行された作品を文庫化したものです。

小学館文庫

禅《ぜん》と食《しょく》

「生《い》きる」を整《ととの》える

著者　枡野俊明《ますのしゅんみょう》

二〇一六年八月十日　初版第一刷発行
二〇二二年九月二十五日　第二刷発行

発行人　下山明子
発行所　株式会社　小学館
〒一〇一-八〇〇一
東京都千代田区一ツ橋二-三-一
電話　編集〇三-三二三〇-五一一九
販売〇三-五二八一-三五五五
印刷所――――凸版印刷株式会社

ISBN978-4-09-406326-4